今まで縁あって訪れた国や地域は100カ所以上。
ほとんどは聞き慣れない珍しい国や地域ばかり。
それは歴史を感じ、現実を見て、人に出会う旅。
この本には39の特別な「ＳＴＯＲＹ」を集めてみた。

観光地を紹介するガイドブックでもない。
世界一周のような旅行記でもない。
美しい風景が並ぶ写真集でもない。
だけど、ごまかしのない本当の物語がある。

そしてなぜ自分で「女王」と名乗っているのかというと
西ヨーロッパを訪問中に何度も何度も
「どこかの国の女王に似ている」と言われて
とてもうれしかったから。

珍国の女王

THE STORY OF TRAVEL

髙井英子

西日本新聞社

Contents

Europe ヨーロッパ

Africa アフリカ

中南米
Latin America and the Caribbean

世界の珍事情

大洋州 Pacific

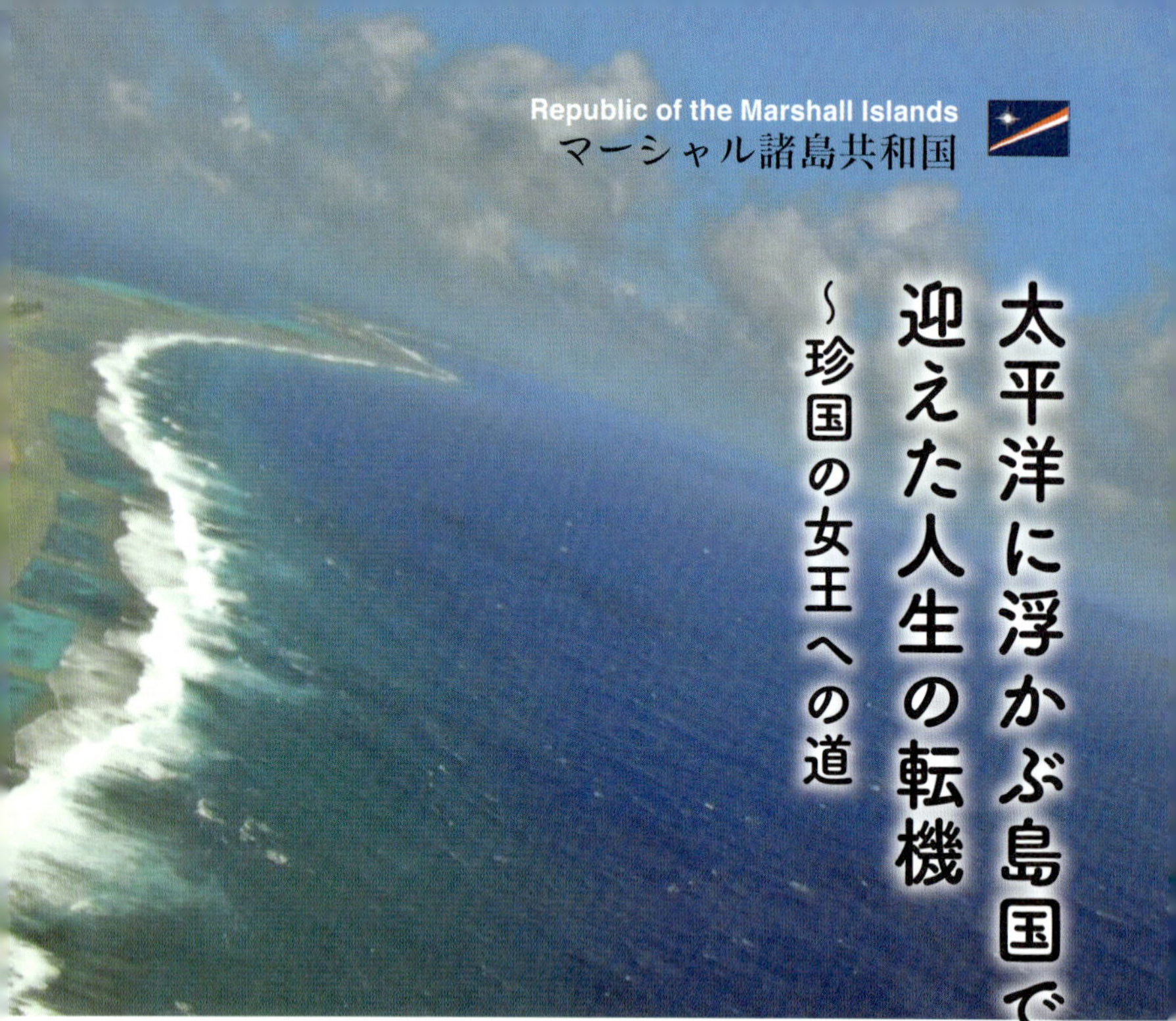

Republic of the Marshall Islands

マーシャル諸島共和国

太平洋に浮かぶ島国で迎えた人生の転機

～珍国の女王への道

マーシャル諸島共和国

首都があるマジュロ環礁を中心に29の環礁と５つの独立した島で成り立つ。小さな島々の数は1200以上で、輪のように並んでいることから「太平洋に浮かぶ真珠の首飾り」と呼ばれる。人口は約5万3千人。世界有数の便宜置籍船国でもある。

１９５４年、ビキニ環礁でアメリカが行った水爆実験の放射能汚染で、60年以上経った今もアメリカで治療を受けながら暮らすマーシャル人たちがいるという。

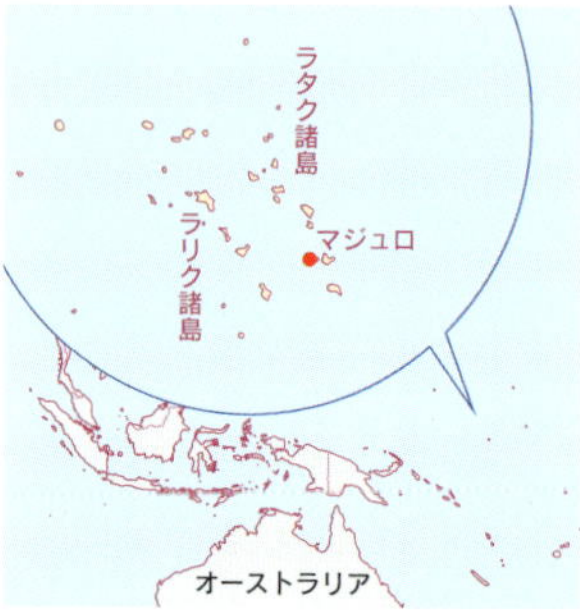

マーシャルの代表的な花「フレイム・ツリー（火炎樹）」。開花時期は3月〜8月頃

それは2008年、年が明けたと同時に始まった。

縁あって出会った方からひょんなきっかけで依頼された仕事は、「今まで聞いたことがない珍しい国や地域に行くこと」、いや「行きまくること」。訪問先は問題を抱えている国々も多く、躊躇した。

〈臆病でそそっかしくておっちょこちょいな私にそんな仕事ができるのかな？〉

しかし、まだ見たことのない未知なる国への好奇心の方が強かった。以来、ずっと珍国巡りをしている。

旅の途中で何もかも投げ出し逃げたくなる時や、一人涙する時もある。旅先で体調を崩し高熱が出たり、お腹を壊し苦しんだりする時もある。けがをする時だって。でもこの仕事がものすごく好きだ。

「なぜ、そんなに苦しくきつい思いをしても、この仕事を続けるのか？」

それは、今からご紹介する最初の珍国「マーシャル諸島共和国」に答えがある。


「マーシャルへ行ってきてください」と言われた時は驚いた。マーシャルという国は、憧れの「竹沢うるまさん」のブログを読んで知っていたからだ。うるまさんは日経ナショナルジオグラフィック賞2014でグランプリも受賞した世界を旅する写真家。私は彼のブログの中の

島の幅の一番細いところは5〜6m。最高海抜は6mほど

「ドラマティックな虹」と「レインボーの帽子」というキーワードがずっと心に残っていた。そしていつか、うるまさんと同じように「レインボーの帽子をかぶり、ドラマティックな虹に出合いたい」と夢に描いていた場所がマーシャルだった。

残念ながら滞在中はドラマティックな虹を見ることはできなかった。それはきっとレインボーの帽子を忘れたからであろう。しかし、マーシャルの魅力には存分に触れられた。海の美しさと空の青さに感動し、緑輝くパームツリーのアーチに癒やされる。

そして人々が本当にフレンドリー。町中を散策すればカメラが大好きな子供たちが「撮って、撮って」と集まって来る。撮影終了後は必ず確認したがる。みんなでデジカメの小さな画面をのぞき込みながら、そこに映る自分たちの姿を見て友達と大声で笑い合う。子供たちの笑顔は、太平洋の青い空と明るい雰囲気に美しく映える。

マーシャルにある日本人が経営する旅行社兼ダイビング会社「ｒａｙｃｒｅｗ」にお願いして、首都マジュロがあるマジュロ環礁の一番の観光名所である島の最西端「ローラビーチ」に連れて行ってもらった。ローラビーチまでは中心部から約1時間。マジュロ環礁の車で行

ける島の端から端までの距離は約50㎞。

基本、どの車も時速20～30㎞で走る。それでも、人が飛び出しそうな場所には凸凹があり、車は減速&停車しなければならない。スローペースな上にいちいち停車するので、最初はイライラもしたが、すぐに慣れた。子供だけでなく、放し飼いの犬、鶏、そして豚なども好き勝手に歩き回っているので、速度が遅い方が安心なのだ。

ローラビーチは白砂の砂浜とエメラルドグリーンの海がとても美しい場所だが、温暖化の影響で海面が上昇し倒れてしまったヤシの木を目にする場所でもある。私たち先進国のせいで、そういった場所が存在するのだという現実も見えた。

さて海も空も美しいことは分かったが、マーシャルの最大の魅力はなんだろう、と考えた時に思い浮かぶのは、「穏やかな時間と人々のおおらかさ」。

そのおおらかさゆえ、マーシャルは時間通りに物事が進まないことも。確かに何を頼んでも時間がかかりすぎるなど困ることは多々ある。彼らの優先順位は、「まず自分のやりたいこと」。

もちろん日本では彼らのようにはいかないだろうが、その話を聞いて、心に余裕を持つこと、まだ見ぬ不確定な未来よりも「今」を大切

にすること、そして自分にとって「何が一番大切なのか？」を考える良い機会になった。

マーシャルで一通り仕事を終え、帰国日前日にホテルの部屋で海を見ているとちょうど、ＭＴＶ・ＪＡＰＡＮの放送中だった。異国の地ということもあり、彼女の歌がスーと入ってきた。

♪ぬくもりに甘んじて忘れていた
　深く深く眠っていた本当のキモチ
　まどわされないで　もっとすばらしいことがある
　まどわされないで　もっと想えることがある

（大塚愛『愛』）

ちょうどこの頃、多くの悩みを抱え、さまざまなことに惑わされ、悶々とした日々を送っていた。しかし、この曲を聴きながら心の奥に深く眠っていた本当のキモチが分かった。

帰国後、勇気を出して家族や友人に「新しいことにチャレンジしたい」というキモチを素直に伝えた。誰も反対しなかった。むしろその決断を心から喜んでくれた。

ここ、マーシャルから「珍国の女王」の物語は始まった。人生が変わるきっかけを与えてくれたのは、15年以上前に人を介して知り合った経営者の男性「珍国の陛下」。何の経験も実績もない女王を信頼し依頼した行き先は、冒頭に述べたように「夢に描いていた場所・マーシャル」。この運命というべきチャンスをあの時につかんでおいて本当に良かった。

人生は人との出会いによってしか、変わらない。

まさしくその通りだと思う。もし陛下と出会っていなかったら？と考えると恐ろしい。出会いの全てに感謝しながら「強く」「清く」生きていきたい。そしてマーシャル人から教えてもらった「目の前にある今が大切」を忘れずに自分の役目を果たしていきたい。

そう誓ったマーシャルの旅であった。

Tuvalu
ツバル

世界で最初に沈む国
～ぼくらはみんな生きている

ツバル

国旗に９つの星が記されているように９つの環礁から成る島国。総面積は約26㎢。人口は約１万人。その半分以上が首都フナフティに居住している。海面上昇による被害で居住地を失った人々の移住が増え、ごみや生活排水の問題も浮上。

また塩害により野菜が育たず、近隣国からの加工品の輸入が増えており、ごみの増加とともに国民の肥満問題も深刻化。近年、台湾の援助で塩害に強い野菜栽培が進められている。

「ツバル」は太平洋に浮かぶ島国。フィジーから北へ１１００㎞。海抜が高いところで３〜５ｍで、満月大潮の時は島中の多くが水没してしまう。以前テレビ番組では温暖化による海面上昇の影響で、「世界で最初に沈む国」と紹介されたこともある。

２０１４年９月で４回目の訪問となったツバル。「もう何度も来てるし、仕事だし」と、渡航前は全くテンションが上がらずにいたが、やはり旅には何かが必ず起きる。

ツバルへは、その２カ月前も訪れていた。

その時、首都フナフティのホテル近辺を散策中に見つけた保育園らしき施設。たくさんの子供が出入りしている。子供が大好きな女王、興味本意で外からのぞく。しかし、のぞき見するその姿は女王とはかけ離れており（普段から女王の風格はゼロだが）、どこから見ても、変なおばさん。

日焼けをしないように帽子を深くかぶり、サングラス。太陽が輝く真夏の国で長袖を着込み、首元はスカーフ、長ズボン。せめて足元だけでもビーサンを履いて現地に溶け込む協調性を見せてもいいのだろうが、いやいや、虫に刺されないようにスニーカーに靴下。そんな変なおばさんを先生たちは怪しむこともなく、笑顔で「中へどうぞ！」

滑走路は飛行機の発着がなければ、島民の運動場となる

と招き入れてくれた。

そこは3~5歳までのプライベート保育園。10畳ほどの広さの教室の壁いっぱいに歯の磨き方、アルファベット、海についてなど、先生が子供たちのために手作りしたものがたくさん飾ってあった。先生がこう話す。

「保育園を必要とする親は多いけれど、人々は決して裕福とは言えないから、利用料が高いと通わせられないの。だから限られた利用料の中で何とかやりくりしているの。国に資金援助を頼んでいるけど、国自体も余裕がないから難しいわ」

ツバルは資源に乏しく、国家財政の収入源は、入漁料と外国への出稼ぎ船員などによる海外送金が主だという。


そして、今回の訪問。前回の突撃訪問のお礼にお土産をと思い、日本から園児が喜びそうな玩具を持って行くことにした。

〈自分には何ができるのだろうか?〉。そんな大それたことを考えたわけではない。単純にそうしたいと思っただけだ。お土産には日本製のクレヨン、粘土、色とりどりの風船など。スーツケースに入る量が限られていたが、詰められるだけ詰めた。

海面上昇の影響で
根が張れなくなった木々

首都フナフティの人口増加で
北部はごみの山が何㎞も続く

訪れた保育園

しかし、物事を決断するのは早いくせに、その後にウダウダと悩んでしまう女王の悪い癖が出た。ツバルに到着してからお土産を渡すべきか悩んでしまった。

〈こんなの渡したりして、おかしくないよね？　本当に役に立つかな？〉

妙に深く考えてしまい、1日目は保育園前まで行くも、顔を見せることなく、トボトボとホテルへ引き返してしまった。でも、せっかく持って来たのだからと勇気を出して、翌朝、ドキドキしながら顔を出してみた。先生たちは覚えていてくれて、満面の笑みで迎えてくれた。

教室に入って驚いた。子供が予想の3倍近くもいる。誤算だ。することが限られる島国の子孫繁栄力をなめていた。しかし、決して十分とは言えないお土産でも、先生たちは大喜びしてくれた。そしてこう言う。

「ツバルには子供用の玩具がないから、こういったものはフィジーに行かないと手に入らない。積み木もこんなにボロボロ。あなたが持ってきてくれたのは日本製でしょ！　とても嬉しいわ！」

勇気を出して良かったと思った。子供たちはメガネをかけ、薄っぺらい顔した日本人に興味津々。次から次に話し掛けてくれたり、体に

タッチして逃げてみたり。女王もそのうち教室内に座り込み、子供たちと遊んだ。

女王の人気は急上昇！　みんなで協力して積み木を高く積み上げ、悪ガキ代表がそれを崩したら、女王は泣き真似をする。何回も同じことを繰り返し、その度にみんな大声で笑っていた。この上ない幸せを感じた。

仕事の時間が迫ってきたので帰ろうとすると、先生が最後に子供たちの歌を聴いてほしいと言う。みんながまっすぐな瞳で、『ありがとうの歌』を一生懸命に歌って踊ってくれる。元気に歌うその姿が愛らしくて、かわいくて、そして幸せで涙が出そうになった。最後に先生から「子供たちに何か一言」って言われたけど、胸がいっぱいで言葉が出てこなかった。

ツバル語で「ファフェタイ（ありがとう）」としか言えなかった。ホテルへの戻り道、あれもこれも言いたかったなぁ…と悔やんだが、元気で素直で笑顔輝く子供たちに余計な言葉は必要なかったのかもしれないと今は思う。

帰国日、ホテル近くの桟橋から色とりどりの熱帯魚を見て、ふと思った。

「魚も珊瑚も鳥も海も、そして人々もみんなここで生きているんだな」。そう感じた瞬間、頭の中にこの曲が。

♪ぼ～くらは みんなぁ　い～きているっ
いっき～て いるっからっ　うれしいんだっ

手のひらを太陽に当てながら、『手のひらを太陽に』をひとしきり歌い、その後はなぜかバックパッカーの女の子が書いた『ブラを捨てて旅に出よう』という本のタイトルが頭の中を駆け巡る。ブラを捨てて旅に出る勇気はないけれど、歳を重ねるごとにきつくなる心のブラは外したい。

世界を旅していると、訪れた先々でいろんな問題に直面する。でもみんな、その地で、その世界でたくましく生きている。それは日本でも同じこと。

旅は消極的な私にいつも課題を与えてくれる。旅先での出会いは臆病な私にいつも勇気をくれる。

ツバルでは「勇気を出して一歩踏み出した先に在るもの」を見ることができた。

戦争を身近に感じる島
～平和の根を張ろう

「ソロモン諸島」は日本軍と米軍の壮絶な戦いがあった場所で、日本軍にとっては太平洋戦争一の激戦地といわれている。何度も訪れたこの国で見聞きしたことをつづりたい。

太平洋戦争中、日本軍はフィジーやサモア、ニューカレドニアを攻略するために、ソロモンのガダルカナル島（現在の首都ホニアラがある島）に飛行場建設を始めた。米軍はその飛行場を奪取するために、ガダルカナル島へ上陸した。

わずか900人の将兵で1万人超の米軍と戦わざるを得なかった「一木支隊の抵抗」は今も語り伝えられている。一木支隊の最期は「バンザイ」を叫びながら、米軍の機関銃に突撃して行ったとか。その付近は「地獄の岬」と呼ばれている。

ソロモン諸島

熱帯雨林に覆われた火山列島で、大小合わせて1000の島が点在。1568年、スペイン人が渡来して発見した砂金を古代イスラエルのソロモン王の財宝だとして、島に「ソロモン」の名前を付けた。1978年にイギリスから独立している。

首都はホニアラ。人口は約57万人。宗教は95％以上がキリスト教。公用語は英語だが、英語と現地語が混ざったピジン英語が主。マラリアの流行地。

ソロモンにはガダルカナルの戦いで亡くなった方々のための慰霊碑がある。初めて訪れたのは2010年2月。落書きだらけの日本側の慰霊碑のひどさにとても悲しい気持ちになった。

時を経て、幾度目かのソロモン訪問。慰霊碑がある標高400mほどのアウステン山を登りながら、いつもお世話になる日系のキタノ・メンダナ・ホテル付きガイドのF君がこう言う。

「前回あなたが来た時とは随分変わっているから驚かないでね」

その変わった様子を見た瞬間、涙があふれた。慰霊碑は立派に平和公苑として生まれ変わり門番も常駐している。2011年10月に日本の建設会社2社の出資で改修工事が行われたという。F君が言う。

「今までは日本人をここに案内するのがつらかった。今は自信を持って案内できる。誇りを感じる。日本はよくやってくれた」

偶然にもこの平和公苑で慰霊ツアーに訪れていた日本人の方々と出会った。兄弟や親友を亡くされた男女10人ほどのツアー。慰霊祭では遺族の方が、ハーモニカで『ふるさと』を演奏されていた。

♪忘れがたき　ふるさと～

改修前の落書きだらけの慰霊碑

改修後の立派な慰霊碑

米国側の慰霊碑

遠くに見える丘の上の白い建物が日本側の
慰霊碑。日米の碑が向かい合っている

終戦を前に、後方支援もない中でマラリアや飢えに耐え、ふるさとを想いながら、家族を思い浮かべながら、この地で命が尽きてしまった人々…。F君も胸に手を当てて泣きながら一緒に歌っていた。

日本の慰霊碑から車で20分ほど走ると、スカイライン・リッジにある米国側の慰霊碑へ着く。日本側の改修工事前にここに来た時は、あまりの違いに深いため息と怒りにも似た感情が込み上げた。米国が管理しているこの場所は高い塀に囲まれ、門の前には警備員がいる。やはり相変わらず、ゴミ1つ落ちていない。日米の慰霊碑は激戦地となった山々を挟んで、ちょうど対面するように建てられている。

入り口には受付台帳があるのだが、慰霊に訪れた日本人遺族の中にはこの台帳記入を拒否される方もいる。遺族の心に深い傷を残している。そのことを感じた瞬間だった。

最後に、前から感じていた疑問をF君に聞いてみた。

「ソロモンの人たちはここを戦地にした日本人のことをどう思っているの？」

彼は言う。

「いきなり軍艦が現れ、飛行機が飛来し、爆弾が落とされ、外国人

ソロモンにはたくさんの戦跡が残る。タサファロング海岸にある貨物船の「鬼怒川丸」は物資揚陸を果たせないまま、敵機奇襲により沈没。付近には他にも数隻沈んでいる。

米軍に攻撃されて
沈没した「鬼怒川丸」

ジャングルに放置された米軍の水陸両用の戦車には、悲しみや過ちや怒りなど全ての負を包み込むように、樹木が根を張り、幹が伸びて青々とした葉が生い茂っている。たくさんの命を奪ってきた戦車に漂う生命の力強さ、反戦を訴えかけるような光景からしばらく目が離せなかった。

ソロモン在住の日本人の方々が私財を費やしながら管理している慰霊碑もある。福岡出身者が多かった川口支隊の慰霊碑もそう。こういった慰霊碑は大洋州の国々にあるが、日本政府の管理ではなく、現地に住む日本人や「遺族会」「戦友会」などで管理しているケースが多く、高齢化に伴い、管理状況は徐々に厳しくなっているそうだ。

戦車には青々とした木々が茂っている

川口支隊の鎮魂碑

が次々に上陸して戦いを始めて、当時の人はただただパニックでしかなかった。山の奥深くに逃げ込み、村や家が破壊されていく様子を見るしかなかった。とてもとても悲しい現実だった」

今でも日本政府に抗議文を書いている人はいる。しかし、日本が現在行っているソロモンへの支援に感謝し、過去は過去、これからの友好関係が大切だという考えもあるそうだ。

私は戦争を知らない。専門家でも知識人でもない。しかし、ここソロモンでは日本にいる時よりも戦争をすごく身近に感じる。太平洋戦争の激戦地を訪れ、そこで得た情報が少しでも多くの人に伝われば良いと思う。

世界中で「戦争という過ちは二度と繰り返さない」という平和の根を張れるといい。

ホニアラの市場

日本軍が逃げ惑った
アウステン山付近の丘

世界で3番目に小さい国
～飽きずに6日間過ごす方法

「ナウルに行ってきてください。飛行機は週に1回しか飛ばないので滞在は6日間ですよ」

長年〝珍国の女王〟をやっていると、珍国の陛下の無茶ぶりにはさほど驚かなくなっていたが、この時はさすがに驚いた。「ナウル共和国」には以前に一度訪れたことがあったが、その時は2泊。それが6日間とは…。

「世界で3番目に小さい国」で何をして過ごすかを考えてみたが、思い浮かばない。陛下によると「釣り」が楽しいそう。「餌は朝食のソーセージ」と教わるも、興味がない女王。「いくら暇でも釣りなんてするはずない」と思いながらも、とりあえずホームセンターで買った2500円くらいの折り畳み式釣り竿をスーツケースに忍ばせ出発した。

ナウル共和国

太平洋に浮かぶわずか21㎢の島国。首都はヤレン。人口約1万人。バチカン、モナコ公国に続いて3番目に小さい国。自国の通貨がないため、オーストラリアドルを使う。

医療費や教育費は全て無料。リン鉱石の恩恵で、1世紀近く全年代に年金が支給されていたため、「働いて給料を得る」という経験がない国民が多い。現在はリン鉱石の生産量が減り、経済が破たん状態。「難民受け入れ」でオーストラリアから金銭的支援を受けている。

沿岸一帯にある
隆起石灰ピナクル

さてナウルといえば、リン鉱石。島はアホウドリなどの鳥が珊瑚礁の上に落とした糞《ふん》が堆積して出来ていて、それが長い年月をかけて良質なリン鉱石になるという。国営のナウル・リン鉱石会社を視察する機会を得た。担当者の案内で採掘場を見て回った。

特に印象深かったのは採掘し尽くした場所。塔のような黒く尖った岩が立ち並ぶ。それは採掘によって隆起してきた石灰岩。採掘後のゴツゴツとした跡地には何も建てられない。

担当者によると、リンの埋蔵量調査では「今後50年は安定」と説明するが、一方で「枯渇しつつある」という指摘もある。この先、たった21㎢しかないこの島の地形はどうなるのだろう、と考えながら採掘場を後にした。

沿岸には、「ピナクル」という隆起石灰岩が目立つ。西オーストラリアのパースにもあるが、いくつもの貝が積み重なった石灰の土台。風化と侵食で塔のように隆起するそうだ。ピナクルだらけの沿岸一帯はリゾートとしての開発も不可能でダイビングにも適さない。この国が今以上に発展することの難しさを感じた。

滞在中は大統領官邸を見学したり、週1回のマーケットに行ったり。車で島を1周しながら、太平洋戦争中の旧日本軍の戦跡も見て回った。

リン鉱石会社の人たち

リン鉱石の採掘場。黒い岩は採掘後に現れた石灰岩

できる限りのことを目一杯やったつもりでも、まだ丸2日残っていた。いよいよやり残したことはただ1つ。

滞在5日目の朝、朝食のソーセージを大量に確保。ホテルのレストランを切り盛りする台湾人一家のお母さんに「今日は釣りに行くから、これは餌にするの～」と伝えると、「あら～いいわね。釣れたら夕飯のおかずにしてあげるわ！」と言われ、少しやる気が出た。南国のこういうおおらかさが好きだ。

釣りスポットへはホテルから歩いて5分。釣り竿はあるが、釣りの仕方は知らない。ソーセージと引き換えに、先客のおじちゃんに手取り足取り教わる。おじちゃんは餌のソーセージを食べているが、まあいい。透明度が高い水面下には魚がたくさん泳いでいるのが見える。ほとんど素人でも、竿を下せばすぐに釣れる！　大漁だ。ほとんどをおじちゃんにあげて、10匹ほどをホテルへ持って帰った。

夕食はレストランのお母さんが中華風にアレンジしてくれた。サヨリという長細い魚を10㎝くらいにぶつ切りに。何となくグロテスクで蛇を連想させ気持ち悪かった。それも含めて、良い思い出だ。

良い思い出…、そうナウルでの最大の思い出は「大統領に会ったこと」。

大漁だったナウルでの釣り

国鳥フリゲートバード（軍艦鳥）
が大会用に飼育されていた

帰国日の前夜、夕食を食べようと、いつものようにホテルのレストランへ行くと様子が違う。聞くと、「大統領のお身内の方の誕生日会があるのよ」とのこと。〈ニセ女王がその場にいてはいけない〉と遠慮しようとしたら、気にしなくていいと言う。

大統領の姿が見えた。何とレストランに入って来るなり、アジア顔した女王を見て大統領がにっこり微笑んでくださるではないか！　図々しくもタイミングを見計らって話し掛けてみた。

女　王「あの大変失礼ですが…」

大統領「おお‼　あなたは日本人ですか？」

女　王「は、はい！　なぜお分かりになったのですか？」

大統領「実は太平洋・島サミットで沖縄に行ったことがあるのですよ。日本の美しさや文化の素晴らしさに感動しました。また行きたいですね！」

女　王「ぜひまたいらしてください。お話しくださってありがとうございます」

お付きの人の制止でわずかな時間となったが、どこの馬の骨とも分からない日本人と気さくに話してくださる大統領に感激！

6日間の滞在。何もない島で最初はどうなることかと心配したが、

密度が濃く充実したものになった。ナウルのことをより深く知る機会にもなった。何より気付いたことがある。

退屈だと決めつけていた場所が自分の見方ひとつでまるで違う場所になるということ。

これが冒頭に挙げた「世界で3番目に小さい国で飽きずに6日間過ごす方法」の答えかもしれない。

世界中を回る旅人の個人的感想を否定するつもりはないが、「この国はつまらない」というような感想を聞くたびに違和感があった。「つまらない」と判断された場所にも人々の生活があり、故郷として愛されている。ナウルでの経験は自分自身の今後の「世界の見方」に大きな影響を与えた。いつもみずみずしく鮮やかな考え方を持って世界と触れ合っていかなければ…、そう思った。

内陸部にあるミルクフィッシュを養殖しているブアダ・ラグーン

Republic of Vanuatu
バヌアツ共和国

世界一火口に近付ける火山
～キャンバスを彩る出会い

旅は真っ白で大きな画用紙のようだ。決して自分一人で美しい絵が描けるわけではなく、全ては「現地での出会い」によって色彩豊かに彩られていくのである。南太平洋にある島国「バヌアツ共和国」では自分なりの美しい絵を描けたような気がする。

さてバヌアツに来た目的は「世界で一番火口に近付ける火山・ヤスール山」を訪れるため。バヌアツの南部にあるタンナ島にその火山はある。タンナ島へは首都ポートビラがあるエファテ島から南へ小型機で約1時間。小型機は重量制限があるので、スーツケースはポートビラのホテルに置き、必要な分だけリュックに詰めた。

火山へは日が沈む頃に到着するように行くのが普通。その方が暗闇に真っ赤な噴煙が花火のように舞い上がり美しいのだ。舗装されていない道を四駆車で2時間以上も揺られる。体格の良い欧米人は助手席

バヌアツ共和国

80余りの島々が広がる群島国で、日本と同じ環太平洋火山帯。農業や観光業が盛ん。英語やフランス語のほか、100以上の現地語が話されているとも。人口は約26万人。

1700年代後半からヨーロッパの入植が始まり、イギリスとフランスで領土争いが繰り返された後、1906年に共同統治で合意。60年代から独立を求める運動が始まるが、英仏で二分統治のために島民同士まで対立。80年に英連邦加盟国として独立した。

や窓側に座りたい。彼らに比べるとか細い女王は、当然のように後部座席の真ん中へと促される。

火山に近づくにつれ、青々と生い茂っていたジャングルの風景が、火山灰が降り積もる色がない世界へと変わっていく。その光景を写真に収めたかったが、真ん中の席に座りカーブが多いガタガタ道では体勢を保つのがやっとで、そんな余裕は全くなかった。


ヤスール山の麓に到着すると、一番に目に飛び込んでくるものが「Volcano Post」。「世界一危険な場所にあるポスト」として有名だ。ここから手紙を出すことは、訪れる人にとって大きな目的でもある。もちろん女王も日本までの切手を貼ってハガキの準備をしていたが、ホテルに忘れるという大失態。かなり落ち込んだが、仕方ない。同行ツアーの女の子に投函の様子を写真に撮らせてもらう。

その後、火山岩でゴツゴツした足元が悪い斜面を上がり、いよいよ火口へ。あまりにも近くで火山活動を見ることができるので、怖いという感覚よりも、もっと見たいという不思議な衝動に駆られる。その好奇心が湧いた瞬間、「それ以上近づいちゃダメだよ！　のぞき込まないで！」とガイドの声。暗くなるにつれ、火山活動は活発に。

ガイドが別のツアー客を見てつぶやいた。「あいつらのガイドは何

世界一危険な場所にあるポスト

タンナ島の森の中にあるロッジ。
エコ感満載のホテル

をやっているんだ！　今日の活動がいつもと違うとは思わないのか!?」。今まで落ちた人はいないが、過去に噴石が当たって日本人が亡くなったらしい。欧米人数人がすぐに逃げられない火口ギリギリの場所にいるのが見えた。こちらのガイドはしきりに「自分から離れるな」と言う。

小さい噴石だが頭上を超える量が徐々に増え始めた。そして10ｍほど先に直径30㎝ぐらいの溶岩がドスン！　出来たてホヤホヤの溶岩の温度は約１０００℃。溶岩に近づく数ｍ前から肌に熱さを感じる。その溶岩を見てガイドは言った。「人や車に溶岩が当たったら本当にマズイので、残念だけど今日はもう終わり」

もちろんそれに反対する人もいないし、むしろ自然の驚異を目の当たりにして一刻も早く帰りたくなっていた。そのガイドは別のツアー客にも大声で注意を促す。ガイドの言葉を聞いて焦りまくるオーストラリア人のおばあちゃんのリュックを胸に抱き、手をつないで、懐中電灯を照らしながら真っ暗になった火山岩の道を降りた。滞在時間はわずか10分足らず。危機感あるガイドに恵まれて感謝。危険が伴うツアーではガイドの経験や判断力に運命を左右されることがある。

さて翌日は首都ポートビラに戻り、残りの滞在を楽しむことに。ホ

首都ポートビラのホテルはのんびりとした雰囲気

テルは日系の旅行会社が入り、日本人スタッフも常駐するメラネシアンホテル。ここのホテルのスタッフが、夜にカヴァ体験に連れて行ってくれた。カヴァとは南太平洋地域で親しまれる伝統飲料。植物の根の部分を粉末にし、水を加え濾《こ》した飲み物。飲んだ後は心地よい気だるさに包まれ、何もしたくない気分になるとか。ただ、まずい。以前、フィジーでカヴァを飲んだが、吐いてしまった。そのことを伝えるものの、カヴァBａｒでは口を付けないわけにはいかないらしい。しかも一気飲みを迫られる。

薄暗い怪しい雰囲気のカヴァBａｒ。みんな、とても静か。しかし、暗がりで光るギラギラした目玉は女王に集中しており、とても拒絶できる雰囲気はない。どうしても飲めない時は表に水道があり、吐いても良いそう。とりあえず少しだけ口に含んだが、やはり無理だった。表に飛び出して吐いてしまった。泥水ときつい漢方が混ざったような味で、舌先もピリピリする。バヌアツのカヴァは最も上質で味が濃いというが強烈な後味が残った。誘ってくれた彼もその場で女王の代わりに一気に飲んでくれたようだが、表で吐いていた。

そして夕食は彼の案内で熊本出身の方が経営する日本食レストランへ。またその日本人女性もとても良い方で、帰りはホテルまで送ってくださった。「近いですから。同じ九州だし」とまだ片付け途中にもかかわらず、その優しい心に感動。

火山が目的で行ったはずのバヌアツだったが、実際の火山滞在は10分弱。滞在中はタンナ島の伝統的な村カスタム・ビレッジや首都での観光を楽しんだ。

バヌアツではお世話になった日本人も現地人も、出会う人、出会う人全てが良い人で、滞在者を楽しませるホスピタリティあふれる国だった。サイクロンや地震などの天災も多い島だが、負けずに力強く暮らす人々がいる。タンナ島の夜間は真っ暗闇になるエコホテルを除いては一人でも心細くない。人の好奇心をどんどん引き出してくれて、心の奥にある冒険心をくすぐる最高の島だ。

居心地が良すぎて、「旅人が旅をやめる島」といわれるバヌアツ。消極的になった自分を打破したい時、好奇心を駆り立てる旅をしたい時、人とはちょっと違う国でのんびりしたい時、そして冒険はしたいけど危険な国には行きたくない人、海が好きでも日本人が多い場所は避けたい人にとっても最適なはず。旅を彩り豊かに描くためには絶好の場所となるだろう。またいつか、好奇心旺盛な人と再訪したいものだ。

タンナ島の伝統的な村
カスタム・ビレッジの人々

「世界のマーケット@ Local Market」

日本人には当たり前のスーパーマーケット。珍国では地元民はスーパーよりも市場で買い物をすることが多い。スーパーには輸入品や一級品などの高級品ばかりで、とても庶民の手が出る価格ではない。地元民に交じって市場を見て回ると、その国で何が作られ、売られ、何を食べているのか、よく分かって面白い！

ベナン共和国の世界遺産の水上集落ガンビエのマーケット。「アフリカのベネチア」と呼ばれている。食料も日用品も売り子がカヌーに乗せてやって来る。お客もカヌーなので、かなりごった返す。「ついに平和を見つけた」という意味のガンビエ。奴隷制度から逃れるために、ラグーンに逃げ込んだ人々がつくった集落だ。

南太平洋のフィジー共和国の首都スバにある２階建ての「セントラル・マーケット」。1Fは野菜、果物、魚など。2Fはカレー用のスパイス類や、植物の根っこが原料の伝統的な飲み物「カヴァ」などが販売され、カヴァの泥臭い匂いと香辛料の香りで1Fとは全く違う独特な雰囲気！　2Fから下を覗いた光景が好きだ。

台湾の南・台南は国内随一のマンゴー生産地。玉井市場はどこもかしこもマンゴー、マンゴー、マンゴーだらけ。カゴごと量り売りだが1個 200 ～ 300 円で極甘のアップルマンゴーが手に入る。カゴ付きでお得感満載 (笑)

世界一物価が高いというアンゴラ共和国のスーパーにあるハーゲンダッツアイスクリーム。表示価格はほぼ日本円と同じ。そうすると1個 2,490 円 !!!　ちなみにプリングルスは 1,000 円、ヨーグルトは1個 600 円…。スーパーで買うのは外国人駐在員か富裕層のみ。一般的な地元民は誰もスーパーには行かない。

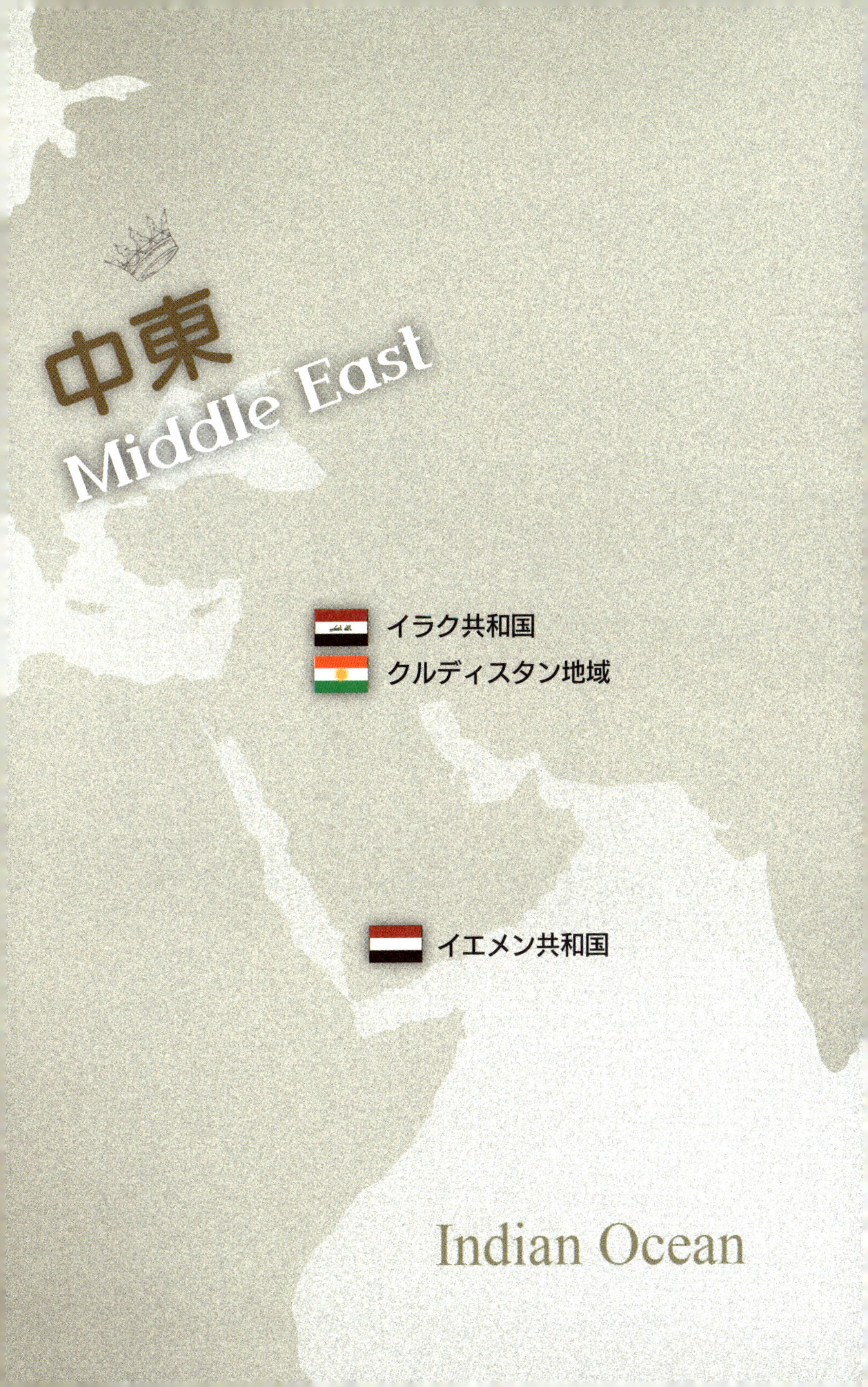

中東
Middle East
イラク共和国
クルディスタン地域
イエメン共和国
Indian Ocean

アラビアンナイトの世界へ
～珍道中はカートのせい!?

イエメン共和国

アラビア半島の南西端に位置する。イギリスの占領などにより長く南北分断が続いたが、1990年に統合し現在のイエメン共和国が成立。中東の民主化運動「アラブの春」では2011年に当時の大統領を退陣に追い込み、女性人権活動家タワックル・カルマンさんがノーベル平和賞を受賞した。

その混乱の中で、過激派組織の勢力拡大や、サウジアラビアが支援する政府側と、イランが支援するイスラム教シーア派系の武装組織との対立という中東の覇権争いも絡んだ内戦も。

女王にとって初の中東訪問は「イエメン共和国」だった。当時は2009年。まだまだ治安は落ち着いていた時期。しかし、2010年12月にチュニジアで起きた民主化運動「アラブの春」以降、イエメンでは周辺国の影響を受けたイスラム教の宗派が絡んだ対立が起き、治安は悪化。国の統制が効かないイエメンはテロリストの拠点となることも。「アラビア半島のアルカイダ」がそれだ。

首都サヌアでも度々爆破事件が起き、外国人は国外退避となっていて、現在はとても訪問できる状態ではない。しかし、実際のイエメンは非常に興味深い国だ。その不思議な魅力を少しでも伝えたい。

サヌアにあるオールド・サヌア地区（旧市街地）は世界遺産に登録されている。旧約聖書「ノアの箱舟」のノアの息子セムが最初に住み着いた場所といわれており、２５００年以上も前から人々が暮らす世界最古の街の１つだ。

足元は石畳、建物は粘土を焼いて強固にした茶色いレンガ造り。窓枠は石灰で白く塗られ、窓はステンドグラスがはめ込まれている。夜はライトアップされ、一層幻想的なオレンジ色の世界になる。アラビアンナイトの中世の時代にタイムスリップしたようだ。人々の彫りの深い端正な顔立ちが、ますますその情緒感を際立たせる。

この国で面白かったのは、普段はシャイで穏やかなイエメン人が「カート」をやると人格が変わること。カートとは覚醒作用のある植物で、アフリカや他の中東諸国でもよく目にするのだが、その葉を噛《か》み続けるとだんだん気分が良くなってくるのだ。

午前中の視察を終え、いったんホテルに戻って昼食をとった後のこと。再びドライバー君と現地ガイド君が迎えに来てくれた時、彼らの様子が明らかに違うではないか。右の頬がリスみたいに膨らみ、クチャ

クチャ何かを噛んでいる。〈この2人、カートやっている…〉。

　午後の視察が不安になりながら車に乗り込んだが、案の定、運転はかなりスローペース。周りを走る車も止まりそうな速度なので急ブレーキが増え、追突していないのにムチウチになりそうなほど、首がガックンガックンする。運転しながら窓越しにカートのやりとりをしている車もある。イエメン人の男性はみんな、昼食後は別の世界に行ってしまうようだ。

「エクスキューズミィ…」とガイドに声を掛けると、「イエ～ス」と言って振り返った顔がひどい。目の焦点が合っていない。心配そうな女王の顔を見たガイド君は自慢のイケメンに笑みを浮かべ、「ノープロブレムだよ！　イエメン男性は食事が終わったら午後からみんなカートをやるんだ。だからモンダイナーイ」と超テンションが高い。

　このガイド君、夜に空港に迎えに来てから翌朝まではニコニコしているだけで必要なこと以外はほとんどしゃべらず、何を考えているか分からなかったが、カートで明らかに別人化している。午後からの視察は言うまでもなく、グダグダだった。まあ、これもお国の文化。怒っても仕方ないし受け入れることにした。

スーパーマーケットの品揃えは充実

きれいに整備された街中

しかし、世界的にも有名な美しい礼拝所「プレジデント・モスク」でのこと。入り口には厳重な警備の門があり、とても入れそうな雰囲気ではないが、カートでハイな彼らは強気。大声で何かを言いながら、強行突破したではないか。

警備員が慌てて走ってきた。ゲストである女王の方がパスポートを見せ、事情を説明して、ガイド君に通訳させるという、どちらがガイドか分からない事態に。たまたま警備員が物分かりのいい人だったので許されたが、これが厳戒態勢中のことだったら拘束されていたかもしれない。後で考えると鳥肌が立った。

カート後は終始このような感じの珍道中で、かなり疲れた。次回はカートをやらないガイドを雇いたいと思ったが、無理かも。確かにカートの覚醒作用はひどいものだが、娯楽の少ない彼らにとっては日々の楽しみなのだろう。

この旅ではさまざまなイエメン人と触れ合ったが、男女問わず、みんな本当に穏やかで優しい。滞在中はどれだけのイエメン人の笑顔に出会ったことか。街でお土産ひとつ買うにしてもぼったくりもないし、安心して買い物ができる。女性以外は写真も撮らせてくれるし、滞在しやすい国だと感じた。

美しい
プレジデント・モスク

中東の中でも最貧国といわれるイエメンはオイルマネーの影響による超豪華な高層ビルが立ち並ぶわけではないが、中世的な建造物と自然と美しい顔立ちをした人々とが見事に調和している。

2009年の訪問以降、再訪の機会を待っているが、現状は難しい。年月が過ぎゆくにつれ、どんどん厳しくなる。2015年には首都サヌアのモスクで過激派組織「イスラム国」（IS）による自爆テロが相次ぎ、女王が訪れたあの美しいプレジデント・モスクでも爆破事件が起きたという。

こういう事件に巻き込まれるのはいつも罪がない民間人。わが故郷が壊れていく姿を目にすることが彼らにとってどれだけ悲しくてつらいことか。それはイエメンに限ったことではない。彼らのその心情を考えると、切なくてたまらなくなる。

メディアでは過激な部分が取り沙汰されることが多いが、彼らの願いはただ1つ、「争いのない平和な世界」だ。中東で初めて訪問したイエメンには今でも特別な思いが込み上げる。

Republic of Iraq · Kurdistan Region

イラク共和国

クルディスタン地域

伝統とモダンが溶け合う風景
～クルド人とイスラム教を考える

「クルド人」と聞いて何を思い浮かべるだろうか。過激派組織「イスラム国」（IS）と戦うクルド自治政府の治安部隊「ペシュメルガ」をイメージする人もいるかもしれない。それよりも2015年10月、東京のトルコ大使館でトルコ総選挙の在外投票が行われた際に起きた、クルド人とトルコ人の乱闘事件の方が印象強いかもしれない。

クルド人は中東では4番目に大きい規模の民族ともいわれ、約3千万人の民族であっても独立した国を持てないという背景が、対トルコだけでなく中東諸国とクルド人との間に対立関係をつくってしまうのだ。私は中東問題の専門家ではないので、本書でこの問題について論じることはできないが、クルド人全体が勘違いされていることについては黙っておけない。

クルド人だけでなく、イスラム教の国は私たち日本人から見れば遠

イラク共和国クルディスタン地域

イラク北部のクルド人自治区で、主要都市エルビルのほか、スレイマーニーヤ、ドホークが含まれる。2005年に制定された新憲法で自治政府が認められ、比較的安定した治安により外国企業の参入も進んだ。

イラクにおけるクルド人の割合は約2割。近年、過激派組織「イスラム国」が石油利権を狙うキルクークは自治区には含まれないが住民の多くがクルド人である。

い世界のような気がするが、心は日本人と似ているところがたくさんある。

仕事柄、イラク共和国北部のクルド人自治区「クルディスタン地域」へは縁があって、何度か訪問させてもらっている。中心地のエルビルには地域政府という形で大統領を立て、議会も存在する。エルビルはイラクの一部なのだが、同じ国とは思えないほどの平和さがある。街はきれいに整備され、近代的な大型ショッピングセンターも多くある。市民の憩いの場である公園は庭園が施され、家族連れがピクニックを楽しんでいる。テレビで見る首都バグダッドとはまるで違う世界だ。

街の中心部には世界遺産に登録されたアッシリア時代のシタデル（砦）があり、その上からエルビルの街を見下ろすと、昔ながらの伝統文化と現代文化が上手に溶け合った美しい風景が見える。他の国では味わえない独特の感覚に包まれる。

しかし、何と言ってもこの地域の一番の魅力は人ではないだろうか。みんなとてもフレンドリーだ。街を歩けば「写真を撮らせて。一緒に写って」と声を掛けられ、行列ができるほど人気者に。公園を散歩すればピクニック中の家族からは「時間ある？　チャイ（紅茶）でも飲

近代的な大型ショッピングモール

シタデルから見た街の風景。弓形の建物はスーク（市場）

んでいって！」とお誘いを受ける。スーク（市場）へ行けば、「これ、食べてみて」と試食を勧められる。「食べたのだから買え！」と迫られることもない。食べてみたいと思ったものをじっと見つめていれば、笑顔で試食させてくれるのだ。

街のレストランに行った時にこんなことがあった。女性から「あなたは日本人でしょう？　今日は娘たちが音楽コンクールで賞を獲った日なの。良き記念日に一緒に写真撮影してください」と言われた。OKすると、そこにいたクラス全体で撮影会となってしまい、レストランが大変な騒ぎに。でも、誰にとがめられるわけでもなく、その様子を見守る従業員や周りの目はとても優しかった。

いつもお世話になる現地コーディネーターの方々も良い人ばかり。少し歩いただけで「きつくない？　休憩してコーヒーでも飲む？」と聞いてくれる。彼らに「どうしてクルド人はみんなこんなに優しいのか？」と聞いてみた。答えはこうだ。

「クルド人は本当におもてなし好きで、ホスピタリティあふれた民族。相手が喜ぶ顔を見ると、自分もこの上なく幸せな気分になる」。この心が正しく日本人に似ていると思った。

と同時に、イスラム教の教えが深く根付いているとも感じた。イス

迷路のような
スーク内

クルド人の
伝統的な民族衣装

世界遺産であるアッシリア時代のシタデル（砦）

ラム教には「相手に優しくしないと幸せになれない」という教えがあるという。そう、本当にそうだ。これまでアフリカや中東など、さまざまなイスラム地域を訪問してきたが、危険な目や嫌な目に遭ったことは一度もない。もちろん細心の注意は払っているが。

しかし、ISの台頭によってここエルビルもいつどうなるかは分からない。北部には油田があるため、それを取り巻く問題も多い。実際にISがエルビルから1時間ほどの実質的なクルド人自治区の油田都市キルクークの一部を制圧、後にクルド人部隊が奪還という事態も起きた。

そして欧米諸国はクルド人の「独立悲願」の心に寄り添うように見せかけ、ペシュメルガを利用している。北部の油田をコントロールしたいとも考えている。エルビルの中心地が栄えているのも欧米の資本が入っているからだ。

ここまで読んで、かなりクルド人寄りの考えを持っていると感じた人も多いだろう。実際にそうかもしれない。中東諸国を訪問してきて、ここクルディスタンが一番居心地が良いのだ。人々と接するたびに穏やかな気分になり、心がとても癒やされるのだ。それは間違いなく、

この地に住むクルド人のおかげだ。

彼らは近年の問題のせいでクルド人が暴力的と勘違いされていることがとても悲しいと思っている。ここで何の力もない私がこのようなことを発信したからといって何かが変わるわけではないが、いつも懸命におもてなしをしてくれる彼らのためにできることと言えば、「クルド人のイメージを少しでも変えること」くらいだろう。少なくとも、私の周りではクルド人やイスラム教のことを理解してくれるようになった。

いつもブログやコラムを書きながら迷いがある。上辺だけの知識しかない自分がこういった問題に触れて良いものかと…。しかし、その勇気をくれるのはいつもクルド人の友人だ。彼の何気ないメールに背中を押されるのだ。

「やあ!元気？　今度はいつ来るの？　今日もエルビルは安全だよ!」

この文字を見るたびに、私には今日も明日も人々に伝えないといけないことがあると思うのだ。

エルビルの街中

ちょっとBreak 世界の珍事情

「世界のなるほど@ It's Amazing!!!」

昔「なるほど！ザ・ワールド」というテレビ番組があった。画面上に映し出される日本では考えられないような「なるほど」の数々に興味津々だった。五感を最大限に働かせて世界を見ると、時として世界がとても身近に感じる。

フランス領マヨット島には独自の伝統的な小さなお家「バンガ」がある。自宅敷地内に建て、思春期の男の子が独立するまで過ごす。男の子たちは女の子の気を引くために、絵や飾りなどを施すとか。

南米パラグアイ共和国の国旗は中心の紋章が表裏で違う。表（右）は「独立記念」、裏（左）は「平和と正義」を意味するそう。世界でたった1つの国旗だ。

スーダン共和国には白ナイルと青ナイルの合流点がある。白ナイルはビクトリア湖から流れる川で堆積物が多いので白く見える。青ナイルはエチオピアのタナ湖から流れる川で透明度が高いため青く見える。

ケニア共和国の首都ナイロビにある国立公園。高層ビルをバックに野生動物が見られる。公園は幹線道路沿いにあるため、早朝はキリンが道路の真ん中で草を食べる姿に驚かされる時もある。ライオンが脱走して話題にもなった。

デンマーク領フェロー諸島
イギリス王室属領マン島
フィンランド領オーランド諸島
イギリス王室属領ガーンジー
イギリス王室属領ジャージー
スイス連邦
リヒテンシュタイン公国
ヨーロッパ
Europe
ジョージア
Africa
トルクメニスタン

珍国度MAX! 明るい独裁国家
～訪れてわかる本当の姿

女王家の人々はテレビで珍しい国が紹介される度に、女王に「この国に行ったことはある?」と聞く。大抵の答えは「Yes」。そんな女王でも特に〝珍国度〟が高いと思った国は、「中央アジアの北朝鮮」といわれる「トルクメニスタン」。

1991年にソビエト連邦から独立後、2006年までは初代大統領ニヤゾフ氏の独裁政権。言論の自由はなく、インターネットや衛星放送、バレエ、映画、オペラなども禁止されていたという。

インターネットの情報だけ見ると疑問も多く不安が大きかったが、行ってみると実に面白い。トルクメニスタン…、見るもの全てが新鮮でオリジナリティーにあふれていた。

まず市場。リアルお菓子の家があり、棚にお菓子がむき出し状態で置かれている。買う時はそこから自分で好きなだけ取って袋に詰める

トルクメニスタン

人口は約540万人。主にイスラム教。1991年まではソビエト連邦国。独立後、2006年までは初代大統領ニヤゾフ氏の独裁政権。

2007年にベルディムハメドフ氏が大統領就任後、年金の復活、光熱費の無料化、学校や大学の教育機関の無料化、そして娯楽が解禁となり、現在ではインターネットの利用も認めている。ちなみに、ガソリンは月に120リットルまでは無料だとか。

システム。棚から勝手に取って試食していても全然怒られない。量り売りというわけでもないので、料金システムは適当だ。

そして目に付くのはやはりメロン。なぜメロン？と疑問に思ったが、そこが独裁政権の表れ。初代大統領の大好物がメロンだったから。8月の第二日曜日の「メロンの日」には盛大なメロン祭が行われ、メロンが食べ放題らしい。メロンのドライフルーツを勧められ、珍しいのでお土産に買って帰ったが家族には不評だった。

街を歩けば、居住ビルの屋上や窓に咲くパラボラアンテナの花を目にする。衛星放送が解禁されたので、人々はこぞって取り付けている。

街中にはソビエト連邦時代の水色のポストが多く残っていて、今も普通に使われている。首都アシガバットの中央郵便局ではトルクメニスタン仕様の緑のポストがあった。そして美しい人が多い。特にロシアの血が入るトルクメニスタンの女性は長身で色白。ついつい見とれてしまう。

驚いたのは、アシガバットの中心部。白で統一された建物が立ち並ぶ白亜の街はとにかく豪華絢爛で美しい。ガラス張りのバス停は冷暖房完備、キヨスクまである。新開発エリアはドバイを模倣したのか、豪華でユニークな形の建物が続々と建設中。夜はきらびやかなイルミ

街中で見掛けるポスト。右は郵便局

首都アシガバットにある大学。学費は無料

市場にある、リアルお菓子の家

ネーションが夜通し点灯。主にイスラム教だがクリスマスシーズンにはヨーロッパ並みにツリーがたくさん見られる。

至るところで初代、2代目の現大統領が肖像画や写真から微笑みかけてくれることを除いては、何も違和感がない国だ。写真撮影も問題ないし、観光もしやすい。人々はとてもおおらかで、フレンドリーだ。冗談もよく通じる。教育が無料で、外国語教育にも力を入れている。

現大統領が開放路線をとり何もかもが新しく変わった今、以前の鎖国時代と比べて人々がどう感じているか聞いてみた。初代大統領時代を知る女性に「独裁政権に対して不満などはなかったか?」と聞くと、こういう答えが返ってきた。

「元大統領は家族に不幸ごとが多くてとても寂しくて悲しい人だったの。独裁を執ることで彼はその悲しさや寂しさを紛らわせていたのよ。だからみんな、彼の気持ちを理解していたわ」

どこの国に国のトップのプライベートを理解して独裁を受け入れる国民がいるのだろうか。この国の人々の思慮深さを感じた。

「今の大統領になってからは教育が充実したことが素晴らしいわね。私も大学で英語を教えているけど、優秀な学生ばかりでとてもやりがいがあるの。海外へ出て経験を積んで、また国に戻って活躍してくれ

ることが楽しみ」
60歳近い女性でもこのような革新的な考え方を持っていることに驚いた。

しかし、開国が進む一方、この国が抱える新たな問題を見る機会も。それは帰国時の空港でのこと。搭乗ゲートでいきなり怖い顔した係官に「こっちへ来なさい！」と乗客全員が強制移動。従わない人は係官に腕を引っ張られたり、寝ている人は乱暴に起こされたり。〈ここは中央アジアの北朝鮮。もしかして帰国できないのではないか？〉と頭をよぎり一気に不安になる。

1カ所に集められ何が始まるかと思ったら、空港で出国時に麻薬を靴底に隠した女性が逮捕され尋問を受ける動画を延々と見せられた。ロシア語は全く理解できないが、途中退散は許されない。英語ができる係官に後で聞くと、アフガニスタンからトルクメニスタンを経由しロシアに麻薬が流れるのを防ぐために麻薬取締強化中だとか。国際線で海外に出国する人向けに見せているようだ。

インターネットや衛星放送などでさまざまな情報が得られるようになったが、それは決して良い情報だけではない。情報不足だったせいで一般的な善悪の判断がつきにくい国民を利用する人も多いという。

街中でたくさん見かける、
パラボラアンテナ

動画の麻薬密輸で捕まった女性は、安易な考えで運び屋になってしまったようで、こういう問題は後を絶たないだろう。

トルクメニスタンで一番注目すべきものは、やはり埋蔵量世界第4位である天然ガス。観光地にもなっているが、地質開発が進んだ1970年代、ボーリング作業のミスで落盤事故が起きてできた巨大な穴「地獄の門・ガスクレーター」がある。有毒ガスの放出を防ぐために点けた火が今も真っ赤に燃え続けている。40年以上たっても消えないのは、天然ガス埋蔵量の多さから。日本企業も天然ガス事業に携わっている。

「中央アジアの北朝鮮」と呼ばれるトルクメニスタンだが、実際はどちらかと言うと日本らしさを感じることの方が多かった。人々の思慮深さやおもてなしの心が似ていること、そして街中を走る車のほとんどが「TOYOTA」だったからであろうか。

「実際に行ってみないと分からない国」とはまさしくトルクメニスタンのことである。

走る車はほぼ「TOYOTA」

歴史あるワインの発祥地で
～国境と接する地域にある緊張

ジョージア

黒海とカスピ海に挟まれたコーカサス地方にあり、ロシアやトルコなどと隣接している。1991年に旧ソビエト連邦から独立。旧ソ連の独裁者スターリンの出身地でもある。

国内にはロシア国境に接して南オセチア自治州とアブハジア自治共和国がある。黒海を通じて欧州にアクセスがあり、カスピ海の石油やガスをロシアを通らずにアジアや中東から欧州に輸送できるパイプラインの重要拠点である。

緑が多い首都トビリシを一望

２００８年、中国・北京でのオリンピック開催中、「グルジア」北部の自治州である南オセチア州の支配を巡って、ロシアとグルジアの間で戦争があったことを知っているだろうか。
プーチン大統領は開会式に参加していたため、その隙を狙ってグルジアが侵攻したとか、ロシアが先制攻撃を仕掛けたとか、両国の言い分は異なる。興味のある方は「５デイズ」という映画をご覧いただくと良い。ただアメリカがグルジアの全面協力を得て制作しているため、

ロシア寄りの映画ではないことは確かだ。
　しかし、この映画を見て「どちらがどうだ」などではなく、平和の祭典といわれるオリンピックの裏で、たくさんの民間人が殺される戦争があったという事実に衝撃を受けた。しかもその残虐性は目を覆いたくなるものだった。映画がきっかけでグルジアという国をいつかはこの目で見てみたいと願っており、訪問する機会を得た時は何とも言えない不思議な感覚に包まれた。

　ここまで「グルジア、グルジア」と書いていたが、日本は２０１５年４月以降、この国の呼称を「ジョージア」に変更した。２００８年の戦争後、ロシア語由来の呼称である「グルジア」を変更するよう何度も要請があり、来日した大統領直々に安倍晋三首相へもお願いしたとか。そう言えば女王が訪問した時に誰一人自国のことを「グルジア」と言う人はいなかった。ということで、ここから呼称を「ジョージア」に変えるとしよう。

　ジョージアは世界遺産も多く、自然に恵まれた美しい国。各地域に魅力的な観光名所も多いのだが、時間がない場合は首都だけでもその魅力を感じることができる。女王が訪れた首都トビリシは「あたたか

19世紀の古き良き建物が多く残る旧市街地

温泉浴場「ハマム」

い」という意味を持ち、この地に温泉が湧くことに由来している。街中に「ハマム」という硫黄泉の温泉浴場があり、日本と同じように裸で入るのだとか。

首都でありながら街中に滝がいきなり出現したり、紀元前4千年頃の建造物があるかと思えば、ロマンチックなヨーロッパ調のしゃれた建物も多い。19世紀の旧市街地を歩けば、この国の歴史を感じることもできる。山を切り開いて街を造っているため、断崖絶壁に立ち並ぶ建物を見た時はゾッとした。

標高727mのムタミンダ山の山頂からは街が一望できるのだが、ここに断崖絶壁に突き出した悪趣味なベンチがある。高所恐怖症の人は絶対に座れないであろう。人々はわざわざこの椅子に座る写真を撮りに来るらしい。もちろん女王も試してみたが、お尻がズンとなり高所恐怖症でなくても長い間座っていることは無理だった。

丘の上にあるメテヒ教会は5世紀に建てられ要塞として使われていたが、帝政ロシア時代には監獄となり、ロシアの作家ゴーリキーが幽閉されていたという。高台にあるナリカラ要塞も4世紀頃の古い建造物だ。トビリシは山手の方にそういった歴史的建造物が多くどれも個性的だ。

メテヒ教会

「ハチャプリ」

そして一番の魅力はワインと地元料理。皮の中にひき肉や野菜のみじん切りが入った餃子のような「ヒンカリ」、パンの真ん中の穴に卵、チーズ、バターのソースがあって、周りのパンをそれに付けながら食べる「ハチャプリ」など。どれもお母さんが作る家庭料理で本当においしい。日本人が好きそうな味だ。

そしてワイン。ジョージアはワインの発祥地とされ、約8千年の歴史がある。その伝統的な醸造法は2013年にユネスコの世界無形文化遺産に登録された。そう言えば隣国アルメニアでも6100年前の世界最古のワイン貯蔵庫が発見されている。

ここコーカサス地方一帯はブドウ発祥の地ともいわれるだけあって、ワインのクオリティーはかなり高い。アルメニアではワイン工場を訪れ、ジョージアでは街中の酒屋に立ち寄った。驚くべきはその価格。1本だいたい300円ぐらいから高くても1000円に届かないのだ。それ以上に驚いたことは次から次に試飲させてくれること。免税範囲がなければスーツケースは全部ワインで埋め尽くしたかった。

ジョージアの人々はフレンドリーで優しい。みんな、日本が大好きだそうだ。滞在中にお世話になった通訳の女の子は大学で日本語を学び、「日本との架け橋になる仕事がしたい」と話していた。柔道も人

試飲し放題のワイン

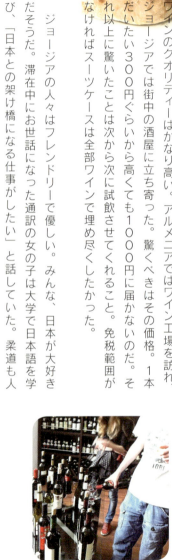

気のあるスポーツで、立ち寄った郵便局の記念切手に柔道の試合が描かれてあった。ドライバーのおじさんも柔道の黒帯だと言っていた。

映画の影響もあってか、ジョージアに対して明るいイメージはなかった。２００８年の紛争ではロシアは首都トビリシにまで迫っていた…などという情報だけで何となく怖い地域だと思っていた。しかし、今まで日本とは縁遠いと思っていた国で、人々に優しくされると途端に親近感が湧き身近に感じる。

おいしい家庭料理を食べ、地元の人と冗談を言いながら自慢のワインを楽しんでいる時は一切感じられないが、ジョージアは今でも南オセチア自治州だけでなく、他地域でも国境付近ではロシアと緊張状態という。停戦状態ではあるらしいが、いつまた問題が勃発するか分からない。そしてジョージアだけでなく、世界中のあらゆる場所で民族、領土、そして宗教間の争いが絶えない。その争いは年々激しくなる一方だ。

日本にいるとそういう問題を考える機会はなかなか少ないが、ジョージア訪問をきっかけに、そういった地域への関心が高まったことは間違いない。そしていかに日本が平和な島国なのかということを痛感させられた。

今は平穏を保つジョージア

Principality of Liechtenstein & Swiss Confederation

リヒテンシュタイン公国 & スイス連邦

アルプスの絶景と チーズフォンデュと ～心も舌もとろかされ

リヒテンシュタイン公国＆スイス連邦

リヒテンシュタインはスイスとオーストリアの間にある。面積は約160㎢で３分の２が山岳地帯。人口は約３万７千人。スイスは九州と同じ大きさぐらいに約820万人が住む。

両国は関税同盟を締結しており、リヒテンシュタインの領事業務などの外交はスイスに移譲、通貨はフランを使用している。

〝珍国の女王〟の旅先は、その名の通り普段は聞き慣れない「珍しい国」、何かと困難を伴う難しい地域ばかりだ。しかし、まれに治安が良い地域への渡航もある。それがここで紹介する「リヒテンシュタイン公国」や「スイス連邦」だ。

治安が不安定な地域では専用車に専属ガイドを雇うのだが、めったにない機会なので、ここでは消極的な自分の殻を破るためにも現地エージェントを頼らず、自力で頑張ることにした。

旅の目的は、スイスから列車でリヒテンシュタインを日帰りで訪れること。リヒテンシュタインはスイス東部と隣接する小国で、大きさは香川県の小豆島と同じぐらい。ほとんど知らない国への旅でも、インターネットのおかげでスムーズに行動できた。本当に便利だ。

巨大なスイス・チューリッヒ中央駅から、まずは列車で国境近くのサルガンスという駅まで行く。1時間という短い時間だが、チューリッヒ湖とヴァーレン湖沿いを走るため、壮大な風景が楽しめる。太陽の光に照らされ青くキラキラと光る湖、山頂に薄っすらと雪を残した美しい山々は日常を忘れさせてくれる。列車内に目を向ければ、車窓の向こうの美しい田舎風景をバックに上品なご婦人が手紙を書いている。何もかもが子供の頃から憧れていたテレビ番組「世界の車窓から」の

湖を見ながら列車の旅

この列車で
スイス～サルガンス間を走る

再現のよう。

サルガンス駅到着後は、リヒテンシュタインの首都ファドーツ行きのバスに乗り換える。ライン川を渡るところが国境だが、入国審査もアナウンスもないのでいつの間にか入国していた。

街はとてもきれいでコンパクト。観光客が集まるメインエリアにはレストランやお土産物屋さんが立ち並ぶ。切手博物館では高い印刷技術で世界の切手マニアも注目する美しい切手が購入できたり、ツーリストセンターでは有料だが入国記念のスタンプを押してもらえたり。

山の上には結構な存在感を放つお城が。街を見下ろすように立つお城はファドーツ城と言い、国家元首である公爵の居城だとか。この国は立憲君主制で代々リヒテンシュタイン家の当主が引き継いでいる。

中心部は1時間もあれば十分に見て回れるため、正直、時間を持て余した。アニメ「アルプスの少女ハイジ」の舞台となったスイスのマイエンフェルトが近いのでハイキングも考えたが、日帰りでは時間的に難しく断念。街中を走る観光用のトロッコ列車も催行時間が合わず断念。それならタクシー観光はどうかと、バス停にあるタクシー専用電話で依頼してみるが、街に2台しかないから今日は無理だと言われる。

入国記念スタンプ

どうやって時間を過ごそうかと考えていると、素敵な光景が目に飛び込んできた。レストランのオープンテラスで赤ら顔のヨーロッパ人たちがワインやビールを楽しんでいるではないか。「昼からビール」に多少の罪悪感はあったものの、たまにはいいよね？と自分に言い聞かせ、雰囲気の良いレストランに入った。

お天気の良さも手伝って気分は最高だったが、それでも2時間が限度。早めにチューリッヒに戻ることに。ほろ酔い気分でサルガンス駅までのバスへ乗り込む。行きはファドーツまで直行バスだったが、帰りはなぜか各停のローカルバス。おかげでリヒテンシュタインの美しい風景や生活の様子を見ることができた。

そして無事チューリッヒに帰還。いつもの珍国では治安が悪いこともあってホテルでおとなしくしていることが多いのだが、今回は安全な地域。もったいない気がしていたところ、タクシーのおじちゃんに「どこに行くの？」と声を掛けられた。

珍国の教訓で「タクシー＝ぼったくり」が当たり前の女王は、「こうやって軽く声をかけられると不安よね～」と答えた。すると「ちゃんとメーターがあるから大丈夫だよ」と言う。料金を聞くと日本よりは割高だがどうやら普通のシステムのよう。そして何よりおじちゃん

リヒテンシュタイン中心部のメインエリア。山の上はファドーツ城

チューリッヒの旧市街地

の必死さに負けた。

ついでに夜の食事でどこか良い場所がないか聞くと、旧市街地のニーダドルフ通りにある「ＳＷＩＳＳ　ＣＨＵＣＨＩ」というお店がお勧めだと。帰国して分かったのだが、現地日本人のブログでも取り上げられるチーズフォンデュの名店だった。おじちゃんは大喜びで店を予約して、そのお店までも送ってくれた。

連れて行ってくれた旧市街地（歴史地区）はとても雰囲気が良く、庶民的なレストランやバーがたくさん。チューリッヒ湖へ流れるリマト川沿いのオープンテラスでは夏の白夜を楽しむ人で活気づいていた。


本場のチーズフォンデュが最高だったことは言うまでもない。チーズと大量の角切りパンはセットなので、その他の食材を選ぶ。ポテトは１人前にもかかわらず丸ごと８個、野菜はブロッコリーにズッキーニなどありえない量だ。そしてチーズフォンデュにはシメがあった。お鍋の底のおこげをスタッフが削ぎ取ってくれるのだ。日本の釜めしみたいに、スイスでもおこげを食べる習慣があってスイス料理が身近に感じた。ビールも飲んで１人日本円で３，０００円弱。接客の立ち居振る舞いも洗練されている。スイス流おもてなしに大満足だった。

食事が終わる頃、「待機料金はいらない」と言っていたおじちゃん

リマト川沿いの趣ある旧市街地

が迎えに来てくれた。そして立ち寄ったスーパーでも一緒に付いていろいろと説明してくれる。お勧めは「生ハム」と、なぜか「ボディーソープ」。生ハムはとてもおいしく、ボディーソープは娘さん愛用だそうでとても香りが良かった。後でもっとたくさん買っておけばと後悔したくらいだった。

　スーパーはホテルから近いため、メーターもそこで切ってくれた。翌日も時間通りに迎えに来て、無事に空港まで送り届けてくれた。おじちゃんにとって初めての日本人のお客さんだったそうで、家族に自慢したらしい。「あなたでラッキーだった。できれば家にも遊びに来てほしかった。また来るときは絶対に連絡してね」と言う。

　旅は「どこへ行って、何を見て、何を食べるか」が重要になる場合が多いが、醍醐味は「人との出会い」ではないかと思う。冒頭で「自力で頑張る」と決意したが、結局最後は人に頼り、人に助けられた旅だった。旅先で出会った人々の心に触れることが、自分の殻を少しずつ破っていくきっかけになるような気がする。

Guernsey & Jersey

イギリス王室属領ガーンジー & ジャージー

乳牛たちのふるさとだ!
～知る喜びを知った旅

「ガーンジーやジャージーに行ってきてください」

酪農に詳しい人なら知っているかもしれないが、九州出身の女王にとって、ガーンジーは大分県・久住町の観光牧場「ガンジーファーム」、ジャージーはスーパーでよく見かける熊本県・JA阿蘇の牛乳「阿蘇小国ジャージー」だ。

よってヨーロッパの小島に行くというより、陛下からおいしい乳製品のおつかいを頼まれた感覚だった。まさか九州で有名なもののネーミングの由来となった場所に行く日が来るとは…。「知らなかったことを知る」ということは本当に面白い。

「ガーンジー」「ジャージー」はイギリスの南部、フランスの北部に浮かぶイギリス王室属領の島々だ。

まずはガーンジー牛の原産地ガーンジー島から紹介。ロンドンから

イギリス王室属領ガーンジー＆ジャージー

イギリスとフランスの間に浮かぶチャネル諸島(5島)の一部。1066年にノルマンディー公ギヨームがイングランド王として征服以来、イギリス王室属領で、独立した法律に基づく自治権行政及び財政制度を有している。1940～45年5月はナチス・ドイツに占領されていた。

通貨はポンドで、英ポンド以外に各島独自の紙幣やコインもあるがイギリス本土では使用不可。タックスヘイブン(租税回避地)として知られる。

飛行機で入るのだが、上空からの景色にやや興奮。13世紀初めに建てられた「コーネット城」が海に浮かんでいる。コーネット城は収容所のほか第二次大戦中には要塞として使われたそう。ちょうど両島を訪問した5月は第二次世界大戦にナチス・ドイツの占領から解放された月だったため、島内はお祝いムードであふれていた。

沿岸は風光明媚な景観が望める。「Moulin Huet Bay」はフランス印象派画家ルノワールも描いたとされる場所で、黄色い花々と緑の色合いが美しい。「Sausmarez Manor House」を訪れた。マナーハウスとは、「マナー＝荘園」と呼ばれる大土地を所有する領主の邸宅である。邸宅内は博物館として見学できる。何とそこで日本人女性に会った。名前は「トモコさん」。日本で出会ったご主人がガーンジー島出身とのこと。日本人が来ると日本語でガイドをされるそうだ。ちなみに明治時代初期頃の日本の食器があったことにも驚いた。代々の領主の中に日本好きな領主がいたためとか。

トモコさんにしても、日本の食器にしても、こんなに離れた場所で母国を感じることになろうとは予測もしていなかったので、とてもうれしかった。一時期は6人いたという日本人も今はトモコさんお1人だけ。「いつか『世界の村で発見！こんなところに日本人』に出演し

立派なマナーハウス

上空から見えるガーンジー島のコーネット城

てください」と言ってお別れした。

印象に残ったのは「世界最小のチャペル」。本当に小さくてかわいい。全体でも幅10mぐらい。中へ入るには頭を低くしないと入れない。貝殻や陶器の破片を壁面に貼り付けてあって色とりどり。ガーンジー滞在は1泊だけだったが、思っていた以上に楽しめた。

次はジャージー島を紹介。ガーンジー島からは飛行機で10分。アメリカのニュージャージー州の名前はこの島に由来する。17世紀頃にこの島で起きた内乱を鎮めた人が褒美にアメリカの広大な土地をもらい、出身地の名前が付けられたとか。さらに生地のジャージーもこの島に由来しているそう。

ジャージー島はフランスのノルマンディー地方から最短で25㎞しか離れていないため、週末はフランスから車に荷物を積んだ人々がマーケットを開きにフェリーでやって来る。さすがはフランス。ジャージー牛の高品質な乳製品が地元にあるにもかかわらず、〝おふらんす〟の品というだけで、乳製品を買い求める人も多いとか。

マーケットがある場所の横は解放広場となっていて、目の前にはフランスの文豪ドクトル・ユゴーがこの島に立ち寄った際に宿泊した「ポムドール・ホテル」がある。占領されていたナチス・ドイツから解放

ガーンジー島にある世界一小さな礼拝堂

島内を自転車で巡る人たち

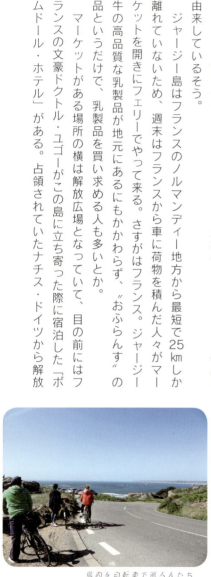

ジャージー島で一番美しい岬「La Rosiere」

ジャージー島の中心部の
セントヘリア

ルノワールが描いた
「Moulin Huet Bay」
（ガーンジー島）

された1945年5月9日、このホテル2階にはイギリスの司令部があり、広場にあふれかえった民衆と共に解放を喜び合ったという。

ガーンジー島も同じだが、ナチス占領中は島民の2~3倍もの兵士が上陸してきたそうで、電力不足に陥り、住居提供も強いられ、医療も十分に受けられず亡くなる住民もいたとか。そういう状況から勝ち取った解放の喜びはどれだけのものだったか。広場には解放当日を収めたホテルと広場の写真がある。それを見ながらこのホテルを眺めると、解放記念日当時の様子が目に浮かび、体がゾクゾクした。

街中はヨーロッパそのもの。きれいな建物が多く雰囲気がとても良い。その中でも昼食に立ち寄った四つ星ホテル「Greenhills Country House Hotel」は最高だった。料理も素晴らしかったのだが、オシャレに佇む建物の美しさやスタッフの接客レベルの高さに驚かされた。

リンゴの生産が盛んで、「La Mare Wine Estate」という工場ではアップルブランデーが楽しめる。名物ブラック・バターも人気。普通のバターとは異なり、リンゴなどの果物に香辛料を加えたジャムのようなものだ。ただここはヨーロッパ。お土産品の値段が高いこと！ 一番美しいポイントと言えば、島の西側にある「La Rosiere」という岬。「景観保護区域」にも指定されている。

ジャージー島解放日
(1945年5月9日)を
写した写真パネル

クオリティーが高い
ガーンジーのバター

両島を通して一番感動したのはやはり乳製品。さすがガーンジー牛とジャージー牛のふるさとだ。牛乳やチーズやヨーグルトなど、どれも加工されてない「きれいな味」がする。特にバター。濃厚でクリーミーなのにさわやかで油っこさが一切なく、銀紙を外してそのままパクッと食べてしまいたいくらい。1つのパンに1個は使っていた。後で聞いた話だが、両島のバターは常温でも溶けにくいらしいので、意外と日本まで大丈夫なのだと。買って帰れば良かったと心から後悔した。

日本にいると目を向ける機会がない小さな島々だが、渡航の機会をもらったことで、浅学ではあるものの、ヨーロッパ内における戦争や島の歴史について調べたり、学んだりできた。

「知らなかったことを知る」ということは、人間的に思慮深く成長していく糧になる。さらには何かの役に立ちたいと思った時のベクトルになるのではないかと感じる。

何もかもが素敵な
「Greenhills Country House Hotel」

バイクレースの聖地に棲む妖精
〜「必ず立ってみせる」精神

マン島の紋章「トリスケリオン」

イギリス王室属領マン島

自治権を有するイギリス王室属領。兵庫県の淡路島ぐらいの大きさで、アイリッシュ海の中央に位置する。13世紀以降、島の支配権はスコットランドとイングランドの間を行き来するが、18世紀半ばにスコットランド貴族からイギリス政府に売却された。

世界最古のバイクレース「ＴＴレース」の開催地として知られるほか、蒸気機関車や路面電車、登山鉄道、馬車鉄道など鉄道ファン注目の島。

バイク好きの友人に「マン島に行くノダ」と伝えると、ものすごく驚かれた。彼いわく、世界的に有名な公道バイクレースがある島だという。モータースポーツには疎い女王。調べてみると、年に1度、島内60㎞の周回コースをバイクが時速100〜300㎞のスピードで走り抜けるレースがあるらしい。それが1907年から続く「TTレース　Isle Of Man」だ。

世界には知らないことがたくさんあるな〜と痛感しながら、渡航前の予習に熱が入る。調べれば調べるほど、どんどん興味が湧いてきて、徹夜になることもしょっちゅうだ。そんな自分に出会うと「自分がどれだけ旅好きか」を思い知らされる。実際に行ってみると、「マン島」がいかに魅力的なディスティネーションだったかを痛感した！

マン島はアイルランド島とグレートブリテン島の間に浮かぶイギリス王室属領。島へはイギリス本土ガトウィック空港から1時間15分ほど。まずは車で島内を走っているとよく目にするのが、「トリスケリオン」と呼ばれる三脚巴《さんきゃくともえ》の紋章。この紋章には、ラテン語で「QUOCUNQUE JECERIS STABIT（投ぐればいずくに

島の中心部にある「TTレース」のショップ

でも、立たん)」という言葉が添えられている。「どんなに投げられても、必ず立ってみせる」というマン島の気骨あふれる精神だ。

中央アジアからヨーロッパに渡来したケルト人が伝えたケルト神話はこの地に根付いており、島のシンボルである三脚は、神話の海の神「マナナン・クリール」が3本足だったことに由来する。島の名前もここから付いた。旅先では特に打たれ弱い女王、迷うことなくマン島の強靭な精神を見習おうと、ピンバッジを購入した。

世界最大という木製水車「Laxey Wheel」は圧巻。直径22m、円周69mという巨大な水車は上まで登れる。階段はきついがてっぺんからは周辺の景色が一望できて、とても気持ちが良い。女王は水車まで車で行ったのだが、景色を堪能できる登山鉄道もお勧めだ。

さて女王の顔よりも大きい魚のフライ(フィッシュ&チップス)を食べたランチの後は、いよいよTTレースのコース体験。走るバイクはYAMAHA、SUZUKI、HONDA、KAWASAKIばかりらしく、「日本のバイクメーカーの対抗試合のようだ」と現地ドライバー。確かに…。中心部ダグラスにあるスタート地点のメインスタンドから最高速度300km出るという一本道を走った。大興奮のコース体験! ドライバーさんも説明しながら、力が入りどんどん加速。

世界一大きな水車
「Laxey Wheel」

マンクス羊

一部の公道では制限速度なしで走れる区間があるらしい。

大変なのは周辺住民。レース期間の５月末～６月上旬の約２週間は公道がコースとなるため、周辺の人は外出しないほうが望ましいとのこと。うっかり朝にでも出掛けてしまったら、レースが終わるまで家に帰れない。仕事も休めるなら休んだほうが良いし、食料も買いだめするとか。レースは６クラスあってエントリーは５００台近く。たった約９万人の人口がこの期間は14万～15万人に増えるというから驚きだ。

他にも、「マンクス語」を話した最後の人物ネッド・マドレル氏の博物館を訪ねたり、島固有の４本角を持つマンクス羊を見たりした。気骨さを一番感じたのは千年前に建てられたお墓「マンクスクロス」。とてもそんな長い年月がたったとは思えないほど傷みがない。「絶対に倒れないぞ」という不屈の心がヒシヒシと伝わってきた。

出発の朝、ドライバーさんが私に紙とペンを渡す。「ここに願い事を書いて」と満面の笑み。「Ｗｈｙ？」と聞いても、「いいから、いいから！」とニコニコするだけ。そして連れていかれたのが、「フェアリーブリッジ（妖精がいる橋）」。

その小さな橋の下には小川が流れていて、島の妖精が棲んでいるらしい。いたずらしてみたり、川の中で暴れまくったりと、やんちゃな

マンクスクロス

ＴＴレースのスタート地点

絶対に外してはならないのが大人気キャラクター「きかんしゃトーマス」のモデルになったといわれる蒸気機関車。乗り物好きの女王、いつもはドンくさく要領が悪いのだが、こういう時は最大限の力を発揮する。出発時刻も、乗る区間も所要時間も事前調べで完璧。

街の中心部ダグラスから南下しカッスルタウンまで行く。真っ赤な車体にテンションが上がる。レトロな車内は1905年当時のまま。約40分の旅はのんびりした田舎の風景が続く。もちろん頭の中のBGMは大好きな「世界の車窓から」のテーマ曲だ。目的地に到着すると、人混みをかき分け前方へ。美しい「トーマス」のお顔を写真に収めるためだ。蒸気も出ていて、これぞ蒸気機関車という雰囲気に心底感動した。

そして出発してしまった「トーマス」の後ろ姿を見ながら、「き」が上手に言えず、どうしても「ち」になってしまう友人の子供を思い出し、ひとり耐えきれないほどの笑いが込み上げてくる女王だった。

「きかんしゃトーマス」のモデルになったという蒸気機関車

妖精たち。島の伝統でこの橋を渡る時は必ず「Cren aght ta shiu? (How are you?)」と言ってご機嫌を伺わないと事故に遭うそうだ。

すごく力のある妖精たち。願い事を記した紙を木に貼っておくと、叶えてくれるらしい。女王も書いた。妖精のようなベビーフェイスのドライバーさんが一生懸命貼ってくれた。ありがとう。ここは空港から車で10分もかからないので、旅の締めくくりにはもってこいだ。

今回は女王にとって初訪問の地域だったが、現地の方々がとても良くしてくれた。ホテルでもそう、レストランでもそう、どこでもそうだった。「人って本当にいいな〜」って思える瞬間である。そして、人間のみならず妖精たちも総出で最後まで旅人の心を癒やしてくれた。

マン島の「どんなに投げられても、必ず立って見せる」という精神は、人間関係でも「何度裏切られても信じる」という意味では同じだと感じた。島に宿る命の全てにこの精神が刻まれているようだ。多くの人が引き寄せられる不思議な神話の島だった。

最後に、女王が書いた願い事。

「私の周りにいてくれる全ての人が健康で幸せで、そしていつまでも笑顔でありますように。19，May，2015」

Aland Islands

フィンランド領オーランド諸島

旧5千円札でつながる縁

～日本人っていいね！

フィンランド領オーランド諸島

フィンランド本土の南西沿岸部に浮かぶ6700以上の群島から成る。そのうちの65島に約28万7千人が暮らしている。非武装化されたスウェーデン語圏で自治権を持つ。

元々はスウェーデンの一部だったが、フィンランドと共にロシアへ譲渡され、フィンランドの一部となった。1917年のフィンランド独立後、スウェーデンの帰属を求めたため、国際連盟の決定でフィンランドの統治権とオーランド諸島の自治権が認められた。

近年テレビ番組でもよく取り上げられるように、今や日本人は世界中のあちらこちらで大活躍している。海外で貢献する彼らのおかげで、女王のような何の取り柄もない人間が日本人というだけで、「日本や日本人にはいつもお世話になっているから」と歓迎を受けることが多い。

ここ「オーランド諸島」では、この島に大きく関わった日本人の功績に本当に驚かされた。オーランドは自治権をもつフィンランドにある群島で、日本にいるとほとんど触れる機会がないのだが、一気に親近感が湧いた。

日本の歴代紙幣の肖像となった人物の中で何をしたのか一番分からない人だった。オーランドへの渡航を前に、いつも通り予習していると、その「新渡戸稲造」のことが書かれてあるではないか。

第一次世界大戦末期、ロシアから独立するフィンランドと、元々帰属していたスウェーデンとの間で、オーランド諸島の帰属問題が起こった。それを解決に導いた人物が当時国際連盟事務次長だった新渡戸稲造だ。「新渡戸裁定」と呼ばれるその内容は、「フィンランドの統治権を認める一方、スウェーデンの文化や言語のほか自治の保障を義務付ける」というものだった。

素人の私にも、日本人が持つ独特な平和的感覚や柔軟性が発揮され、

きれいに整備された
首都マリエハムンの中心部

白と黒の間にある「グレー」をうまく使ったように思える。偉業は到底まねできないが、この感性は日本人なら誰でも理解できるのではないだろうか。「武人の究極の理想は平和である」という名言も残した新渡戸。オーランドは「平和の島」とされ、領土問題を抱える国の人々が今でも解決の糸口を求めてやってくるという。本当に誇らしい。

肝心のオーランドについて。6700以上の島から成るが、人が暮らしているのは65島。何もないと言ってしまえばそうなのだが、時がゆっくりと流れて気忙しい雰囲気が全くない。心穏やかに過ごしたい人には最適だろう。

首都マリエハムンは1日あれば見て回れる。女王が訪ねたのは5月だったのであまり観光客はいなかったが、夏場はヨーロッパ各地からの観光客が島と島を行き交うフェリーに乗って島巡りをしたり、キャンプやサイクリングを楽しんだりしているそう。

「何もない」と書いてしまったが、世界で唯一ここだけにしかないものがある。それは「4本マストで完全体の帆船ポンメルン号」。1902年からその姿は変わらないとか。船内は博物館になっていて見学できる。戦時中、4本マストで速いポンメルン号は重要な食糧運搬を担い、イギリスとオーストラリア間で活躍した。重厚でレトロ感

4本マストの帆船「ポンメルン号」

漂う船内は必見だ。

そして食事が本当においしい。特にサーモンは絶品だった。変わったところでは伝統的な黒パン。事前予習でオーランドで黒パン作りに励んだという北欧料理研究家のコラムを読んで「絶対に持ち帰りたい」と思っていたものだった。ライ麦が入っていて、何度か表面にシロップを塗ってはオーブンに入れるため、その名の通り黒くなるのだ。

食べてみて驚いた。独特の見た目に反して、ジャムやはちみつ、バターはもちろん、チーズ、ハム、野菜など何を塗っても挟んでも合う。パン自体の味も損なわれずに、風味豊かで甘みが程よい。フランスパンのようにスカスカしていなくて、ずっしりとお餅のように中身が詰まっている感じだ。お土産としてたくさん買いたかったのだが、意外と重くスーツケースには重量制限があるので2斤しか持って帰れなかったのが残念だった。

オーランドでの最大の目的は、その同じコラムで紹介されていた有名女性パティシエが作るチョコレート！　その店の名は「メルセデス・ショコラティエ」。偶然にも、ランチで連れていってもらったレストランの隣にあったのだ！　ロシアの統治時代、郵政業務に使われた建物の一角にある。

上空から見える群島の美しさに心を奪われる

お店に入ると優しそうで笑顔が素敵な女性「メルセデスさん」が迎えてくれた。ハート形やかわいらしい飾り付けのチョコレートがたくさん並ぶ。女王が日本人だと分かると、恐縮しながら「頼みたいことがある」と。「私にできることなら、もちろん！」と言うと、以前ここに来て取材した日本人女性にその時にお礼ができなかったのでチョコレートを日本で渡してほしいのだという。

その人の名前を聞いて驚いた！　女王が事前予習で情報を取りまくっていたコラムを書いていた人だったのだ!!　そのことをメルセデスさんに伝えると彼女も本当に喜んでいた。まさか自分が参考にしていたコラムの主と、ここオーランドでつながるとは思ってもみなかった。

日本に戻ったが、行き違いでメルセデスさんから彼女の連絡先が入らない！　賞味期限があるだろうし、焦ってきた女王は彼女の行方をフェイスブックで探ってみた。見つかった！　こういう時、フェイスブックは本当に便利。恐る恐るメッセージを入れてみると、すぐに返事が来た。つながったのだ!!　この時は本当にうれしかったし、不思議な感覚だった。そして、オーランドを通して知り合えた縁にとても幸せな気持ちにさせてもらった。オーランドのスーパーで見つけた、ちょっと怖いお侍さんの絵が描かれた「わさび」にも感謝しながらオーランドの日々を思い返してみた。

Faroe Islands

デンマーク領フェロー諸島

世界で最も憧れる島

～壮大な自然と、「相撲」と「芸者」

デンマーク領フェロー諸島

18の島からなる群島で、ノルウェー海と北大西洋に挟まれている。火山によってできた島々の海岸線の多くが崖で、年間約260日に降雨があるという。首都はストレイモイ島のトースハウン。人口は約５万人。経済の中核は漁業や水産加工業。

数百年にわたってノルウェーの統治下に置かれていたが、1814年にノルウェーがスウェーデンと連合したことで、デンマーク王国へ統治権が移った。1948年に自治領となり、税制や行政に関しては独立している。

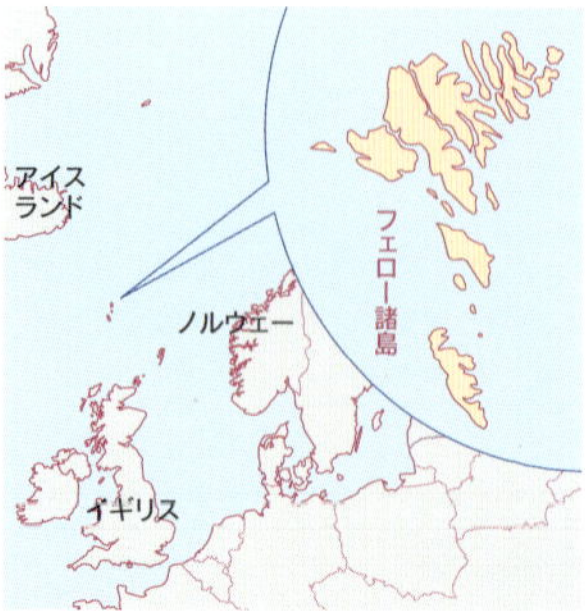

世界的な旅行誌「ナショナルジオグラフィックトラベラー」で２００７年に「世界で最も憧れの島」に選ばれ、２０１５年にも同誌で「世界で訪れるべき場所20選」に選ばれた「フェロー諸島」に行く機会を得られた時は、本当に飛び上がるほどうれしかった。

「世界で最も憧れの島」へ行ける女王は、「世界で最も憧れられる女王」ではないか！　そんな馬鹿なことを考えながら、この時ばかりは「トラベル・ブルー（旅行前の憂鬱《ゆううつ》）」にかかることもなく、出発日を楽しみに待つことができた。

ノルウェーとアイスランドの間に浮かぶデンマーク自治領のフェロー諸島。日本からの直行便はなく、デンマークのコペンハーゲンが乗継地となった。コペンハーゲンからはアトランティック航空で約2時間半の距離なのだが、機内食が何とお寿司！　驚いていたらあっという間に到着した。

空港には到着便に合わせて旅行会社やタクシー会社からたくさんの迎えが来ていたが、到着ロビーのどこにも「ようこそ！女王様」のステッカーを持った迎えの人がいない。何度も現地エージェントや緊急連絡先の携帯に電話をかけるのだが、通じない。そのうち空港にはほとんど人がいなくなってしまい、空港は店じまいの準備を始めた。「ヤ、

町中でよく見かける屋根の上の芝生。防寒の効果があるとか

ヤバイ。このままじゃ薄暗い寒空に放り出される」。そう思った瞬間、電話がかかって来た！

到着から約2時間が経過して、やっと迎えが来た。何だかんだ現地エージェントは言い訳をしていたが、若いドライバーを見ると明らかに寝起きのよう。遅れて来たのになぜか不機嫌で仏頂面の彼に頭にきて口を利く気にもならなかったが、空港を出発してすぐに怒りは驚きと感動に変わった。

自動車のCMに出てきそうな絶景が目の前に広がっている。「すごーい！すごーい!!」を連発しながら車の中から写真を撮りまくる女王に、不機嫌だった彼も半笑いを浮かべ撮影ポイントをちゃんと教えてくれるではないか。空港でぶっきらぼうに「前に座った方がいいよ」と言っていた意味が分かった。ホテルまでの40分間でどれだけ撮ったことか。2時間も遅刻してきた彼にチップは渡さないと決めていたが、大自然の壮大さに影響され、心も壮大になった女王はチップを渡したのだった。

翌日は現地エージェントに終日観光に連れて行ってもらった。お世話になるおじちゃんは上品でとても優しい。ほっと一安心だ。しかし、天気は悪い。フェローは悪天候の日が多い地域で1日の間に何度も天

運転好きにはたまらない絶景コースの連続

気が変わる。晴れ間を期待しながら、まずは首都があるストレイモイ島の南端キルクシュボアの伝統的な家（Roykstovan）へ。900年前にノルウェーから流れ着いたとされる木造の家では17代目の当主がコーヒーでもてなし、いろいろと説明してくれた。近くには1111年建立のフェローで一番古い教会があり、後にノルウェー王となった男児の生誕地でもあるという歴史的な町だ。

東海岸を北上すると、見晴らしの良い「Nororadalur・ポイント」に着く。一家族だけが住んでいるという「Koltur島」などが見渡せる。なだらかな丘陵地帯を切り開いて作られた道路は広く、山々にはほとんど樹木が生えていないため、視界を遮るものがないパノラマだ。

ストレイモイ島から橋を通ってエストロイ島へ渡ると、対岸の188mの落差がある滝がきれいに見えた。北端には雑誌などでよく紹介されている「2つの尖った岩」が望めるポイントも。フェローの最高峰「Slaettaratindur山」（882m）を見た後は、橋を戻ってストレイモイ島を北へ。最北端の町「Tjornuvik」へ行けば、さっき見た2つの尖った岩をより近くで見られた。

観光が終わって、ダウンタウンに戻る途中、近年食品添加物などい

フェロー諸島に生息する
ペンギンのような鳥パフィン

2つの尖った岩

ろいろと問題点が指摘されている北欧のサーモン養殖について質問してみた。フェローでは厳重な管理の下、養殖基準はかなり厳しいらしい。滞在中、いくつものサーモン養殖場を目にしたが、わざわざ川上りをさせる場所を作っているそう！

夕食はそのサーモンやフェロー産の魚が食べられる「ETIKAレストラン」へ。寿司や刺し身だけでなく、天ぷら、餃子、焼き鳥など海外にしてはクオリティーが高い日本食が楽しめた。地元の人が経営しているそうだ。料金は決して安くはないが、高過ぎもしない。かなりの人気店のようで予約をしておかないと絶対に入れない。

店内は満席で、持ち帰りコーナーも長蛇の列。そんな中、気になることがあった。お手洗いの男女表示が紳士は「Sumo」、淑女が「Geisha」になっているのだ。「相撲は分かるが芸者ってどうなの？世界で最も憧れの島の人々の日本への憧れは、相撲と芸者!?」という疑問を持ってしまった。

フェロー諸島の滞在は概ね満足したものになったが、残念なことが3つあった。まず1つ目は雨に打たれようが強風に飛ばされそうになろうが負けずに撮影を頑張ったものの、レンズに水滴が付いてしまった写真が多く、出来の悪さにがく然としたこと。2つ目はフェローに

生息しているペンギンのような姿をした愛らしい鳥「パフィンちゃん」に会えなかったこと。

そして3つ目は日本で人気爆発中だった〝北欧版百円均一ショップ〟「フライング・タイガー」について。九州に初上陸するという同店を特集するテレビ番組を観ていた時のこと。

女王「あれ？　私ココ行ったことあるよ」

妹「あんたが、何で？」

女王「フェロー諸島で探し物をしている時に立ち寄った」

妹「えっ？　本場ってことやん。何も買ってないの？　信じられん！」

流行に超が付くほど鈍感な女王は何も知らずにいたのだ。「どうだった？」と興味津々に聞いても、「う〜ん、かわいかったと思うよ」としか答えられないわが姉に落胆した様子を隠せない妹だった。

この3つを外したために「世界で最も憧れられる女王」になり損ねた女王。これらをクリアにするために、またフェロー諸島に行かなければならない。そしてもう1つ…日本食レストランのお手洗いの表示を変えなければ！「芸者」以外に日本人女性を表す言葉は何が適しているのだろうか？　そう考え出すと、また今夜も眠れなくなるのだ。

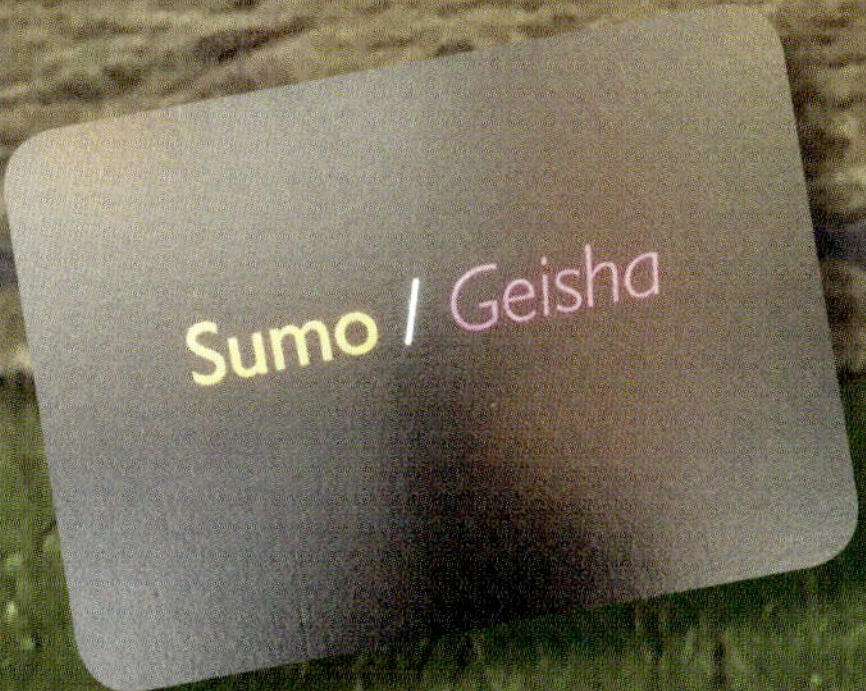

「世界のポスト@ Mail Box」

「ポストを見ると、その国の治安状態がよく分かる。当たり前にポストに投函できて、相手に手紙が届くって世界的に見たらとても平和なことだよ」。『世界の郵便ポスト』の著者酒井正雄氏がいつも言う。彼のポスト撮影の旅に何度か同行させてもらって学んだ世界中の郵便事情。

シンガポール共和国「フラトン・ホテル」内にある郵便ポスト。このホテルは1928年建造で、当時は政府機関や中央郵便局として使われた。現在、シンガポールのポストは近代的な白い箱型に変わったが、このホテル内のほか、数ヵ所でこのような英国統治時代のポストが見られる。

中央アジア·カザフスタン共和国のポスト。「〜スタン」が付く地域のポストは、左の写真のように黄色のポストもあるが、旧ソ連時代から使われている水色のポストも多く見かけた。

アフリカ・ボツワナ共和国の郵便局にあるポスト。壁にポストを埋め込んで郵便局内に直接投函。アフリカはこのタイプが多い。治安が不安定な地域は埋め込み型の方が安全だからだ。右側の赤いBOXは私書箱。

世界のポストや郵便事情をもっと知りたい方は、この本をぜひ！　それぞれのお国事情もあって、かなり興味深くて面白い。著者と交流があった女王も、韓国、ブルンジ共和国、トルコ共和国などの写真を数枚掲載してもらっている。

アフリカ
Africa

中央アフリカ共和国
ソマリランド共和国
コートジボワール共和国
ソマリア連邦共和国
セーシェル共和国
アンゴラ共和国
コモロ連合
MAYOTTE
ザンビア共和国
フランス領マヨット
モーリシャス共和国
フランス領レユニオン

Reunion

フランス領レユニオン

「特別」がたくさんある場所
～心から願えば叶う

訪れたサラジー圏谷

フランス領レユニオン

　インド洋に浮かぶマダガスカルから東に800㎞の場所に位置する。モーリシャス島、ロドリゲス島などとマスカリン諸島を形成している。

　サトウキビやコーヒー豆などを栽培。活火山の見学、トレッキング、マリンスポーツなど多彩なレジャーが楽しめる。フランス主要都市との直行便が多く運航している。

世界中の名山を制覇し、地球上にあるほぼ全ての国や地域を訪れた尊敬すべき女性がイチ押しする場所「フランス領レユニオン」。その女性から「アフリカ大陸の近くにあるレユニオンがオススメよ！」と聞いた日から、レユニオンに行きたいと毎日心から願った。そうすると不思議なもので、２０１４年に渡航する機会を頂いた。セーシェル共和国の時もそうだった。大好きな写真家が「セイシェルの空は海より青い」と表現してから、その空を見てみたいとずっと願っていたら叶った。それから行きたい国があると「心から願う」ようにしている。叶う時もあれば叶わない時もあるが、今のところ叶う確率の方が高いようだ。

さて女王の願いの叶え方は置いといて、その憧れのレユニオンの話をしよう。レユニオンはフランスの海外県という位置付けだ。日本ではあまり耳にする機会が少ない島だが、２０１４年３月に消息不明となったマレーシア機の残骸が２０１５年７月に発見され話題になった島、と言えば思い出す人もいるだろう。もちろん、レユニオンはそればかりではない。

面積約２５００㎢の島だが、「レユニオン島の尖峰群、圏谷群および絶壁群」と呼ばれる難しい名称の世界遺産がある。要は「火山と深い渓谷が織りなす素晴らしい景観や断崖絶壁の絶景オンパレード」という意味合いだ。そしてこの世界遺産は驚くことに島の40％を占めるという。実に島のほぼ半分が世界遺産なのだ。日本人にはなじみのない島でもヨーロッパ（特にフランス）からたくさんの観光客が山登りやトレッキング、ダイビングなどに訪れる。

日程の都合上、トレッキングなどをする時間はなかったが、レユニオン国立公園「レユニオン島の尖峰群、圏谷群および絶壁群」の中に入り込み、楽しむことができた。どういうことかというと、この世界遺産は2つの火山と3つの圏谷（カールと呼ばれる椀状の谷）で構成されているのだが、そのすり鉢状の圏谷の底辺部には点在する町があって、そこを歩いていると「世界遺産に入り込む」という感覚になる。

3つの圏谷のうちの1つ「サラジー圏谷」を訪れ、「花嫁のベール」と呼ばれる美しい滝を見たり、麓の街を散策したりした。世界中のさまざまな街を歩いてきた女王だが、街のかわいらしさは随一で、こんなに穏やかで清々しい街歩きは初めてだった。短時間でもできる限り楽しんでもらおうと、一生懸命案内をしてくれるチャーミングな女性ガイドのおかげもあった。

「花嫁のベール」と呼ばれる滝

海沿いに開けた中心部

カラフルな家々がこの街の特徴

圏谷の麓にある街

現地に到着した時にガイドにもらったレユニオンの地図は不思議だった。特筆すべきことはない普通の地図なのだが、そこには3つの圏谷が記されていた。トレッキングや登山には全く興味がないのだが、なぜかその圏谷の場所を地図で見るだけで山歩きをしたい気持ちになるのだ。レユニオンという島がそういう気持ちにさせるのか、実はその地図に特別な仕掛けがあるのかは分からないが、最初にレユニオンのことを教えてくれた女性もレユニオンに何か特別なものを感じているのであろう。

特別なものは、他にもいくつかあった。まずは島の東側にあるピトン・ドゥ・ラ・フルネーズ山と

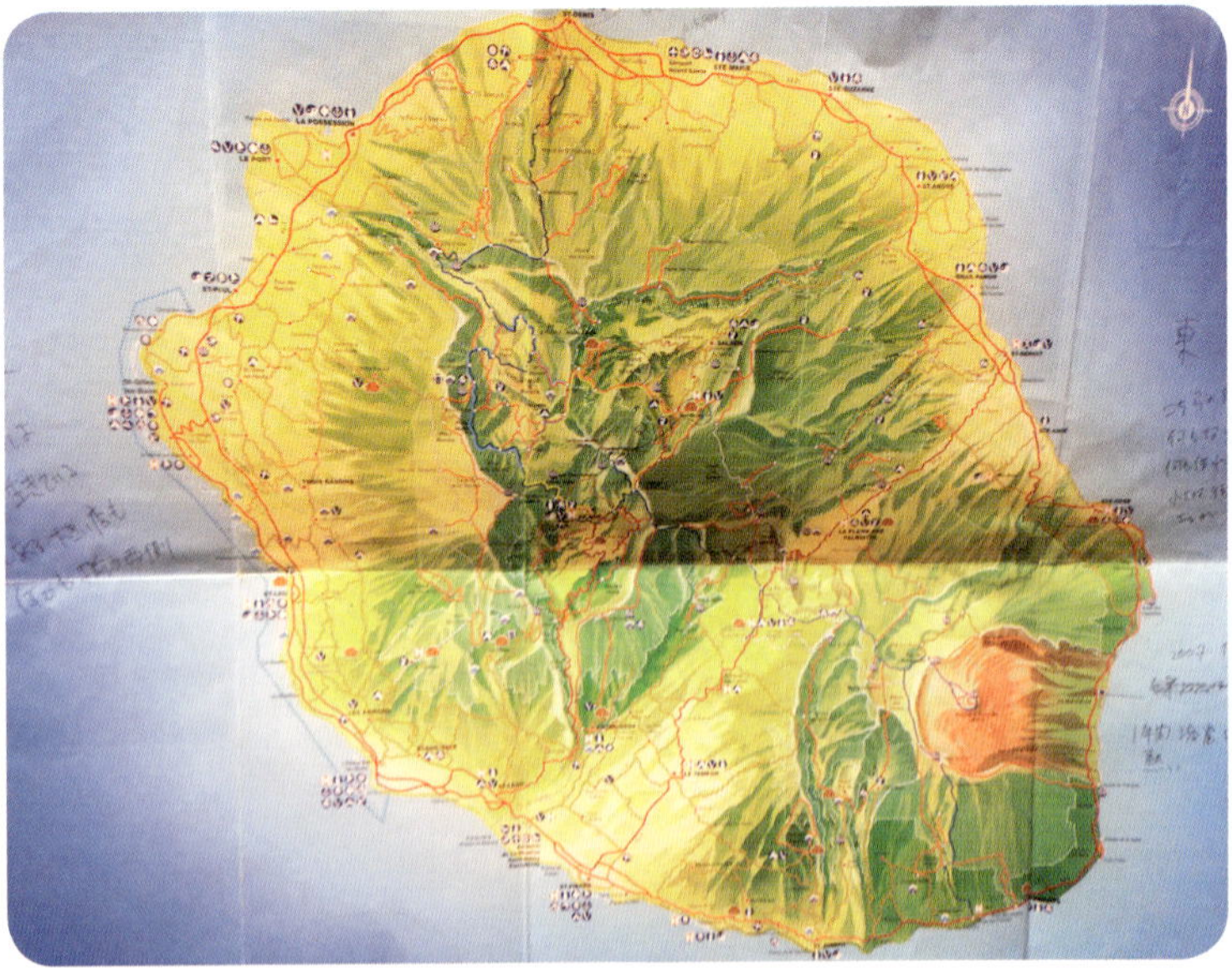

レユニオンの「特別」を伝えてくれた地図

いう標高約2,600mの活火山。2007年に大爆発を起こし、1カ月間噴火し続けたとか。そのせいで島の東側はほぼ壊滅状態。小さな街はいくつかあるが、新しいものは何も建てられない状態だ。対して、3つの圏谷を生み出した島の中心にあるピトン・デ・ネージュ山は標高3,000m級だが、1万年以上静かな火山という。

雄しべと雌しべを人工的に受粉させた最高級品質のバニラや、希少価値高いブルボン種の幻のコーヒーもあった。そしてレユニオン滞在中に特別に驚いたこと、それは女性ガイドが大リーグのヤンキースの元スター選手ジョー・ディマジオの孫だったこと。「ディマジオ」という名前が珍しいので、最後の最後に勇気を出して聞いてみたら本当にそうだった。おばあちゃんはマリリン・モンローではなかったが…。

このような感じで憧れのレユニオン滞在はあっという間に終わった。「特別」がたくさんあるレユニオン。この島でやり残したことはまだたくさんあるので、今日もまた再訪の機会を静かに願う（狙う）のであった。

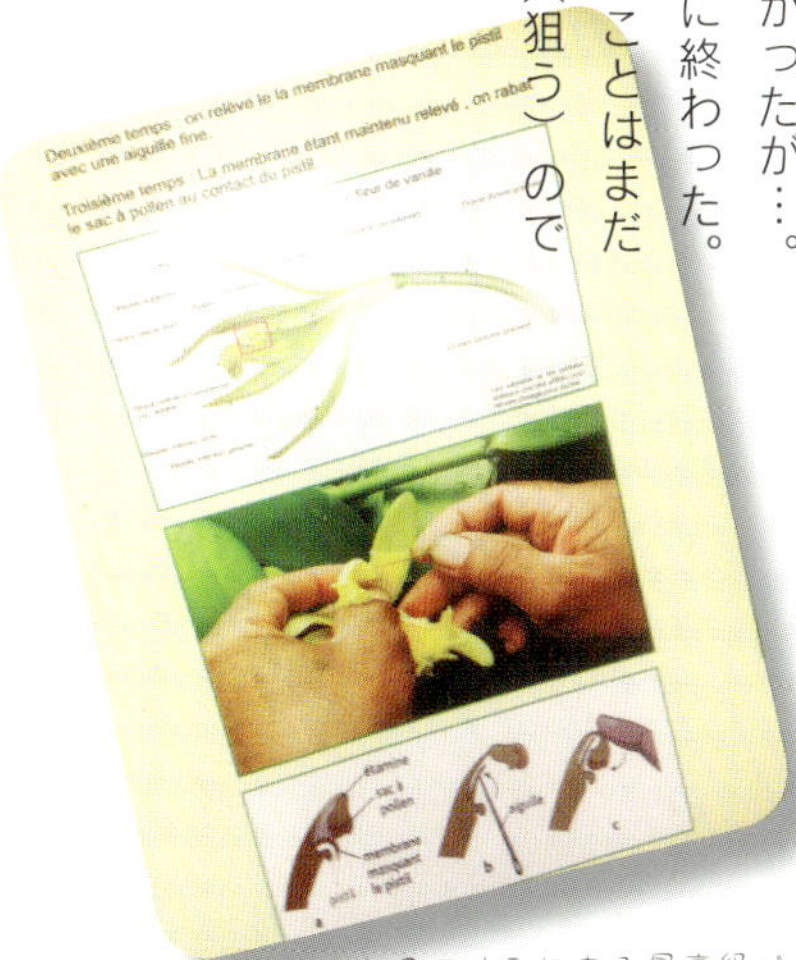

レユニオンにある最高級バニラの農園の人工授粉を紹介するポスター

ジョー・ディマジオの孫だった女性ガイドさん

素朴で穏やかなリゾート
～女王、TV取材を受ける!?

「ネタ作りの旅」。いつ頃からそう考えるようになったのか。もちろん渡航目的は仕事なのだが、訪問する国の珍国度が高く、そのスタンスで臨まないと精神的に乗り切れないことも多い。プラスマイナスあらゆるネタは満載だが、ここ「フランス領マヨット」では何と女王が地元のテレビ局に取材を受ける!?という珍事について記したい。

まずはマヨットのことを少し説明する。インド洋に浮かぶフランスの海外県で、住民の大半はイスラム教徒だ。アロマで有名なイランイランの生産が盛んで、島の固有種でキツネザルの一種「マキ」が生息、火山島である島は美しい珊瑚礁に囲まれている。

その歴史は複雑だ。１９７０年代頃まではマヨットを含むコモロ諸島４島をフランスが統治していたが、アフリカで独立運動が盛んになった頃、コモロ諸島でも独立投票が行われた。しかし、唯一マヨットだ

フランス領マヨット

インド洋南西部モザンビーク海峡に浮かぶコモロ諸島最南端位置する島で、アフリカ大陸とマダガスカル島に挟まれている。

島の周囲には世界有数の規模を誇る環礁が広がり、ラグーンの内外ではイルカやウミガメなどが見られる。島の固有種のキツネザルの一種「マキ」などの珍しい動物にも出合える大型ハイキングコースも整備されている。

ホテルで見た朝日。心が洗われる風景に感動

コモロにあるマヨットの
領有権を主張する看板

キツネザルの一種「マキ」

けが反対。コモロ側は投票の不正を主張するも、フランスは軍事的にも利用価値があったマヨットを強引に自国の領土とした。

飛行機で40分のところにあるコモロ連合は今でもマヨットの領有権を主張している。独立したコモロとフランスになったマヨットとはインフラ整備も含めてかなり違いがある。地元の人に話を聞くと「仏領で良かった」と大半の人は考えているようだ。ただ物価を考えると地元民はフランス系のお店には手が届かず、外食は屋台村のような場所になる。ちなみに、その屋台村でのこと。イスラム教徒の女性は基本的に写真撮影を嫌がるが、やたらと愛想が良く写真を撮ってほしそうな女性がいたので、「一緒に写真を撮ってください」とお願いしてみたら、5ユーロ（約700円）と言われた。まあ、アフリカ地域ではよくあることだ。

それではテレビ取材の話としよう。地元民でにぎわうマーケットがある港を散策中に背後から急にフランス語で話し掛けられた。「@&#$%△▼■〜!!」。恐る恐る振り返ると、マイクを持った男性とカメラを抱えた男性が満面の笑みで立っている。女王のフランス語はレベルゼロ。フランス語圏に来ると、ひたすら「サバ？サバ！（元気？元気よ！）」「メルスィー（ありがとう）」「セボン！（いいね！）」、そ

地元の人でにぎわうマーケット（左）と屋台村

して「ヴァン ルージュ（赤ワイン）」を繰り返し、何とか乗り切っている。

フランス語が分からない女王に、今度は英語で「どこから来ましたか」と聞く。「はい、ジャポンから来ましたよ」とフランス語はできないくせにとりあえず「JAPON」と答えてみる。すると2人の顔がパッと明るくなって、「俺ら生まれて初めて日本人に会うよ！　マヨットに来た日本人はあなたが初めてだよ！　マヨットの観光番組を今夜放送するのでぜひインタビューに答えてくれよ!!」と言うではないか。日本人が初上陸ってことはないけれど、日本からマヨットを訪れる人がほとんどいないのは確か。ホテルの従業員もタクシーの運転手もみんな、「日本人に会うのは初めて」と話していた。

その出来事の少し前、女王はマーケットで日本人らしき夫婦を目撃していたので、こんなチャンスを独り占めしてはもったいない！と思い（本当は1人が不安なだけ…）、テレビクルーをその場に残し、その夫婦を探しに出た。そして見つけて話し掛けてみる。「あの〜、すみません…」。私の日本語に異様に反応したご夫婦、良かった、日本人だった。事情を説明すると、「素敵な思い出になりそう♪」と快諾。ご夫婦と一緒にテレビクルーの所に戻ると、「お前、よくやった！」と言わんばかりの笑顔で2人ともさらに顔が明るくなる。

マヨットの陽気なテレビクルー

撮影のオープニングは、女王が滞在中にお世話になっていた現地ガイド君が３人の案内役に扮して、彼に先導されながら女王とご夫婦の３人で港の風景を見て回る…という半ばヤラセ的なシーンを撮影。その後、海が見渡せる場所で一人一人インタビューという流れ。

そのインタビューはまず上品で明るい奥様から。「マヨットは人もフレンドリーだし海はきれいで、とても素敵なところね。すぐにでもここに戻ってきたいわ」。セレブなオーラを放つ奥様の受け答えに女王感動。続いて穏やかで優しい旦那様。「ホテルは非常に素晴らしかった。眺めもいいし、食事もおいしいし。『マキ』というおサルもあいさつに来てくれましたよ。私たちは素敵な場所に出合えて幸せです」

夫婦揃って英語での完璧な回答を目の当たりにし、やや緊張気味の女王。さて、いよいよワタクシ女王のお出ましだわ♪　ドキドキ、ワクワクしながら一歩を踏み出すと、なぜか次は案内役の彼が呼ばれる。「あれ？　ガイド君の次かな？」と待っていたが、そのインタビューが長いこと。やっと終わって、次こそ！と思いきや、２人のクルーは私に向かって丁寧にお礼を言う。「いやぁ〜、あなたのおかげで良い取材ができたよ！　ご協力ありがとう♪」。どうやら撮影終了のようだ。ショックだった。人生初の海外でのテレビ出演が実現すると思い、ウキウキしていた自分が恥ずかしくなってきた。

取材を受けるガイド君

そうだよね、セレブオーラあふれるご夫婦の方が絵的にもいいよね。この姿じゃご夫婦と親子にも見えないしさ。アフリカばかりを回っている女王は用心して基本〝お金なんて全く持ってませんから〟スタイルなのだ。ここはおフランス、そして私はニセ女王〜、と何度も自分に言い聞かせた。ご夫婦と合流する前は、女王の動向を執拗に撮影していたので、お手洗いに向かう後ろ姿くらいはテレビに出ただろう…と思いたい。取材を受けルンルンなガイド君に強烈なジェラシーを感じつつ、「肝心なところで取材されなかったというネタは意外と面白いかも?」などと考えながら、マヨットを後にしたのである。

日本ではひっそり生きている(つもり)が、海外では妙にミーハーになってしまう新しい自分を発見した体験でもあった。ここマヨットでのミーハーぶりは空振りだったが、またいつかどこかで取材を受けるであろう。

肝心のマヨットを訪れた感想だが、ご夫婦が述べた通り、素朴だが自然豊かで美しく素晴らしい島だ。空港がある島と中心地の本島をフェリーで行き来しても面白い。日本人がほとんど来ない穏やかなリゾート地を求める人には特にお薦め。セーシェルやモーリシャス、マダガスカルに行く機会には、前述のレユニオンも含めてぜひ訪れてほしい。

島々を結ぶフェリーから見た島の中心部

コモロなる古城のほとり
～春を感じさせる優しさ

「こもろれんごう」とパソコンで打って変換すると、必ず最初は「小諸連合」となる。長野県「小諸市」と言えば、島崎藤村の詩「小諸なる古城のほとり」が有名で、旅人の心情をよく表している詩だ。その名前からか、「コモロ連合」に来ると、「小諸なる」、いや「コモロなる古城のほとり」のような旅情に包まれる。名前以外に何ら関係ない小諸とコモロだが、この詩に出合ったおかげでいくつか共通点に気付いた。

詩の中の「古城」は小諸城のことで、16世紀に築城された。コモロにも同じ頃にアラビアから来たペルシャ人たちが築いた「スルタン王宮」の古城遺跡がある。小諸城は別名「酔月城」とも呼ばれるのだが、なんとコモロはアラビア語で「月」という意味なのだ。

コモロはアフリカ大陸の南東部のモザンビークとマダガスカル島の間に浮かぶ3つの火山島から成る島国で、首都モロニがあるグランド

コモロ連合

アフリカ大陸の東南部に浮かぶグランドコモロ、アンジュアン、モヘリという3つの島から成る。

19世紀終わりにフランスの保護領となったが、1975年に独立宣言した。クーデターが発生し、不安定な政情が続いたため、3島から大統領が順番に選出される輪番制を採用している。イランイラン（精油）やバニラなどを産出している。

シーラカンスの標本

コモロ島にはカルタラ火山（約2，350ｍ）がある。小諸市にも浅間山（約2，570ｍ）があり、同じぐらいの高さの両山は活火山で、山を臨む風景もよく似ている。こじつけと言えばそれまでだが、そのようにして共通点を見つけていくのは面白い。

このコモロ連合は、1975年にフランスからの独立以降、度重なるクーデターや活火山の噴火が経済を圧迫し、なかなか豊かになれない。前述したフランス領マヨットの領有権を主張しているが、コモロ島内で領有権主張の看板を立ててアピールしても、飛行機で40分しか離れていないマヨット島とは全くの別世界。観光地化の兆しも見えない。よほどの物好きか珍国マニアではない限り、この地を訪れる人はいない。

しかし、日本とはつながっている。まずは、コモロの近海に生息するシーラカンス。1986年には三重県の鳥羽水族館などがコモロ政府と共同調査を行い、シーラカンスの水中撮影に成功した。コモロの国立博物館では体長2～3ｍの巨大なシーラカンスの標本3匹が展示されている。そして国際協力機構（JICA）の支援も。水産、医療、教育などの分野で日本人が活躍しているようで、数年前にコモロのホテルで3人の日本人に会った。お互いに「こんなところに日本人⁉」と驚き、言葉を交わした。彼らは学校建設に携わっていた。

スルタン王宮

見どころもあると言えば、ある。グランドコモロ島の一番大きなモスクの周辺はメディナといわれる旧市街地で、迷路のような路地を歩けばタイムスリップしたような感覚に。コモロのメディナは他国の旧市街地と比べると観光地化されていないので、ローカル色がかなり濃い。

島の北部へ車を走らせると、海岸沿いではイルカの群れに出合う。マングローブ群生林で大きく深呼吸すると、体内の邪気を全て吐き出したような気分になる。島でも有名なパワースポット「巨大なバオバブの木」では神秘的な体験ができる。幹の根元には数人が入れるほどの穴が開いており、そこで一晩過ごすと体内が浄化されるらしい。ヒーリング的なことに疎い女王は、中に入ったがよく分からなかった。

他にも、コモロに最初に到着したアラビア人が泊まったという穴「ホール・オブ・モハメド」や生産量世界1位のイランイランの農園などがある。ちなみに、シャネルの香水「No5」はコモロ産のイランイランを使っているそうで、低賃金重労働で摘み手不足の危機に困ったシャネルは近年、農園の労働環境の向上と賃金改正に取り組んでいるとか。奴隷制度の過ちを繰り返さず、どうか地元民の人権を尊重してほしい。

〝パワースポット〟のバオバブの木

旧市街地メディナの一角

「女性奴隷の断崖」という悲しい場所がある。商業船の中継地であったコモロには、度々海賊が上陸し物や人を強奪した。スルタン王宮から見える美しい景観の断崖絶壁は、「奴隷になるくらいなら死んだ方がまし」と考えた女性が次々に身を投じた場所なのだ。

その断崖から5分ほど車で走ると、とても澄んだ海水の湖がある。地元の人は何か困ったことや不幸があると、ここへ来てお祈りするそうで、女王も必ずここに立ち寄る。断崖絶壁から身を投じた女性たちに祈りを捧げるためだ。その場所にはきれいな身なりとは言えない老婆がいつもいる。近所の人もどこから来て、どのように暮らしているのか分からないそうだ。ガイドが日本から来たことを伝えると、「来てくれてありがとう。いつまでも幸せであるようお祈りしています」と言ってくれた。いつもは話し掛けても無反応らしく、ガイドも驚いていた。

奴隷を拒否した女性たちが身を投じたという断崖絶壁

コモロの人は一見取っ付きにくいところがあり、時折外国人に対して冷めた視線を向けることがある。でもきっとそれは警戒心があるか、珍しいか、だろう。笑い掛ければ笑ってくれるし、慣れてくると、途端に人懐っこくなる。

ホテルのレストランで一人寂しくビールを飲んでいた時のこと。それこそ「小諸なる〜」の一節「濁り酒濁れる飲みて　草枕しばし慰む」状態。レストランでは女の子のお誕生日会が開かれていた。ケーキが運ばれ、定番の誕生日ソングが始まった。その日の女王は仕事のことで怒られ、落ち込んでいた。少しやけ酒気味で、頼まれてもいないのに一緒になって歌い、心を込めて拍手を送った。

その後、部屋に戻ろうとしたら、女の子のお母さんがケーキを持って近づいて来た。「一緒に歌ってくれてありがとう。どうぞあなたも食べてください」。とてもうれしかった。「ちょっと、待ってね」と急いで部屋に行き、日本から持って来ていた子供用のお菓子やおもちゃを渡した。女の子は大興奮で喜んでくれた。

海外で仕事をしているといつも気を張り、心を強く保とうと必死だ。たまにとてつもない孤独感に襲われる。そういう時に救ってくれるのは、いつも現地の人だ。

街中で出会った人懐っこい人々

「小諸なる古城のほとり」には、春を待ちわびる気持ちになぞらえ、期待と失望を繰り返す旅人の心情も詠まれている。毎回コモロに来る度に、「ホテルの部屋は暖かい日が差すが虫が多い。掃除してほしい。体長30㎝くらいのトカゲの侵入もある。今回こそは虫もトカゲもいませんようにと期待するが裏切られる」という思いがある。

まだまだ旅人を喜ばせる兆しは少ないが、コモロの人々には冬に積もった淡雪を溶かし、春を予感させる優しさがある。機会があれば、コモロで旅情を感じてみてはどうだろうか。コモロが遠いと思われる場合はぜひ、長野県の小諸市へ。きっとまた別の旅情が味わえるだろう。

コモロで一番大きな
“金曜日モスク”

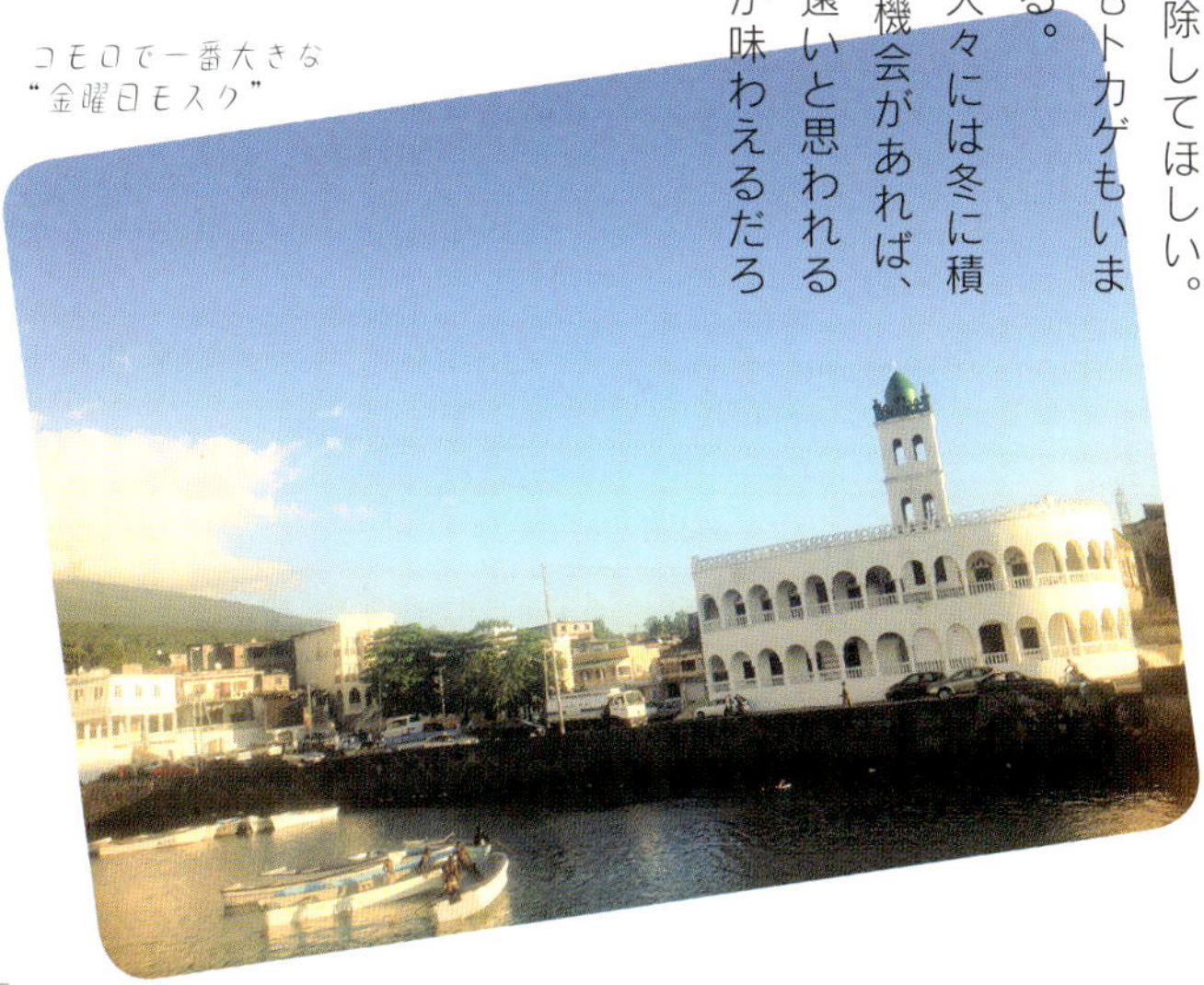

Republic of Seychelles & Republic of Mauritius

セーシェル共和国
& モーリシャス共和国

インド洋の真珠と貴婦人
～たどり着いた夢の海

セーシェルの首都があるマヘ島の海

セーシェル共和国＆モーリシャス共和国

アフリカ大陸の東側インド洋に浮かぶ両国。

セーシェルは115の島々から成る。1976年にイギリス領から独立した。経済は観光業に依存しており、漁業も大きな外貨収入源。

モーリシャスはレユニオンの東側に位置する。1968年にイギリス領から独立した。砂糖生産や繊維産業、観光業のほか、近年は国際金融センター設置などを積極的に進めている。

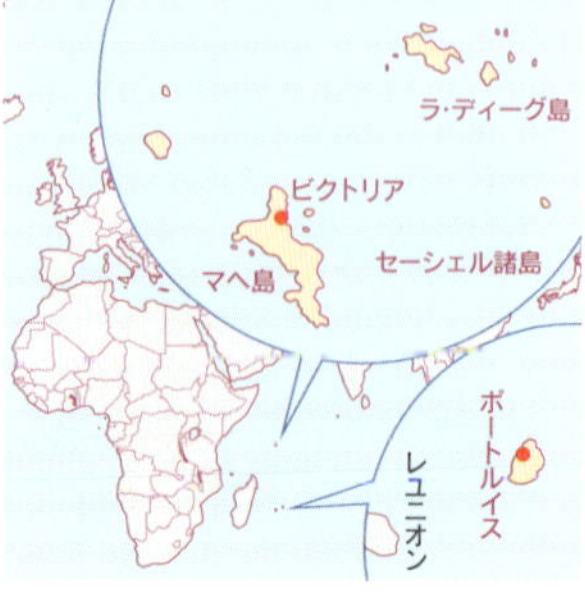

「セイシェルの空は海より暗いぐらい青い。黒にはならないブルー、それは故郷、徳島の藍の色。まるで宇宙にいるような思いがした」。写真家・三好和義氏のセーシェルの写真と文章を目にした時、心が藍色に染められた気分になった。

「神はモーリシャスを最初に創り、そしてモーリシャスをまねて天国を創った」と表現したのは、「トム・ソーヤの冒険」を書いたアメリカの作家マーク・トウェーン氏。この言葉を聞いた時、子供のころに大好きで観ていたテレビアニメ「トム・ソーヤーの冒険」の主題歌が頭の中を流れ、冒険心が膨らんだ。

まずは「セーシェル共和国」。CNNの「世界の厳選ビーチ100選」でラ・ディーグ島が1位にも選ばれ、あらゆるランキングでセーシェルのビーチが上位を占める。

イチ押しは「ココ・デ・メール」という世界一大きな実を付けるヤシだ。見た目が男女の特徴のようで面白い。雄は「ナスのような長い棒状の実」、雌は「桃のようなお尻のような実」。何だか人間みたいで恥ずかしい。女性のヒップのような実は入国スタンプにもなっているくらい有名。マヘ島にある植物園にはココ・デ・メールがたくさん植えられ、30kg以上になる実もあって、落下に注意が必要だとか。

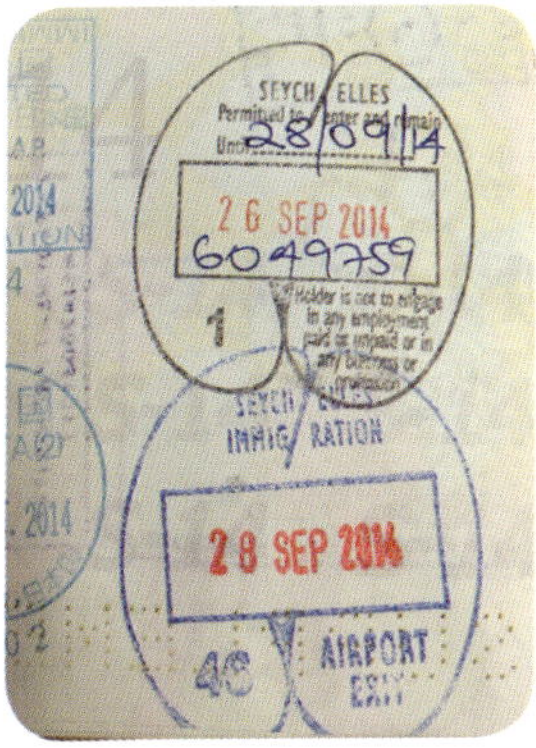

ココ・デ・メール形の入国スタンプ

ココ・デ・メールの説明書

大きいと言えば、その植物園に150年の寿命を持つ固有のセーシェル・セマル・ゾウガメがいる。ヨーロッパ侵略時代には28万頭が食糧として捕獲、入植者のせいで卵も踏みつぶされ、絶滅の危機にあったそう。一方、海岸には巨岩も多い。セーシェルははるか昔、アフリカ大陸とつながっていたが、ソマリアから分離して今の位置にある。海岸にはマグマが固まってできた巨大な花崗岩《かこうがん》が立ち並んでいる。

マヘ島にある首都ビクトリアの街歩きも楽しい。整備されていて歩きやすい。過去にイギリスの占領下にあったため、ビッグ・ベンに似せた時計台〝リトル・ベン〟がある。マーケットは色彩豊か。特にパレオの種類が豊富で人々の目を楽しませる。一方で、この美しい島にも奴隷制度という悲しい歴史がある。小高い丘「ミッションロッジの見晴台」は当時、イギリス人の牧師が学校を開き、親を連れて行かれた子供に勉強を教えていた場所で、今後博物館になる予定だとか。

セーシェルでは痛い思い出もある。空港での入国時、何かの「運び屋」と勘違いされ、パスポートを取り上げられ、厳しい口調で尋問された。男女7～8人の係員に取り囲まれ、身体検査と荷物検査を受けた。荷物検査では威圧的な態度で問い詰められ、公衆の面前で衣装だけでなく下着を全部ひっくり返された。費やした時間は約2時間半。

セーシェルの首都にある
時計台〝リトル・ベン〟

騒ぎを聞いて駆けつけた一番偉そうな係官に言った。「セーシェルは４度目なのにこんな屈辱は初めて！　男性が女性の下着を触るなんてあり得ない。これは人権侵害よ!!」。あまりの女王の怒りに、偉い係官はなだめるのがやっと。そして「どこから来たの？」と聞く。「日本よ！　日本にこの国のことを紹介するために来たのよ！」と言うと、態度が一変、平謝り。憧れの地で騒ぐ自分が馬鹿らしくなって、やめた。セーシェルは何も悪くない。あのイギリス王室のウィリアム王子とキャサリン妃のハネムーン先となるほど魅力的な場所なのだから。

帰国時はいつも別名「インド洋の真珠」を機上から見下ろしながら、「セーシェルに一軒もない日本食レストランをオープンする」妄想に耽《ふけ》る。大儲けして本真珠を手にする自分を想像し、にやにやする。欲深い女王にはセーシェルを美しく彩る表現はとてもできないので、三好氏の的確な表現があって本当に助かった。

次は「モーリシャス共和国」。セーシェルから飛行機で首都ポートルイスへ。最近日本でもテレビ番組で取り上げられ、知名度は徐々に上がっているよう。この国に嫁いだ日本人ガイド「ＣＨＩＫＡちゃん」が案内してくれた見どころがたくさんあった。

世界遺産登録の「ル・モーン山」は遠くからの景観が素晴らしい。

モーリシャスの奇抜な形の山々

世界文化遺産ル・モーン山

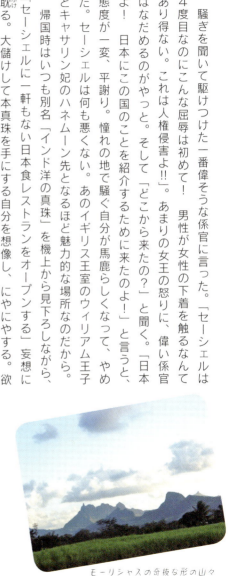

自然遺産かと思いきや、文化遺産だ。ル・モーン山にはヨーロッパ侵略時代に逃亡した奴隷たちが隠れた洞窟などがあった。奴隷制度撤廃を受け警官隊が知らせに来たのを捕まえに来たと勘違いして山から海に身を投げてしまった悲劇の場所でもある。当時彼らが住んでいた集落が残り、「自由を求めた奴隷たちの戦いの象徴」として登録された。

１６００年ごろ、モーリシャスの森林には飛べない鳥で有名な「ドードー」が生息していた。ハトが進化し大きくなり過ぎて飛べなくなったとの説もある。とても愛らしいドードーは、飛べない上に動きが鈍く、侵略したヨーロッパ人の食料となった。時には残酷なゲームの道具にされ、人間が持ち込んだ家畜が1個しか産まない卵やヒナを食べた。ついに侵略から80年あまりで絶滅してしまったのだ。

ドードーが絶滅したことで、絶滅した大木もある。ドードーが好物のカリヴァリアの木の種を食べると、胃酸で種皮が溶かされ糞《ふん》となって排出され発芽を促すという、神秘的な自然の摂理をも崩壊させてしまった。神が創った島には人間の身勝手さが露呈した歴史もある。

珍しいのは島の南部シャマレルにある「七色の大地」。火山から噴き出したさまざまな鉱石が空気に触れると変色し、太陽光によって七色に見える。光の強弱や差し方によって色合いも変わるそうだ。近くにはシャマレル滝があり、落差は１００ｍ。七色の大地の影響を受け

てか、滝に架かる虹はいつも美しい。他にも、2万年前に火山の噴火によってできたクレーターや、奇抜な形をした山々の景観も面白い。セーシェルと同じように、元々アフリカ大陸の一部だったモーリシャスの海岸沿いには、花崗岩でできたユニークな地形が多く見られる。

「インド洋の貴婦人」と呼ばれるモーリシャス。過去には悲しい歴史もあるが、今はマーク・トウェーンの言葉通り天国のような美しく平和な島になった。

両島にはヨーロッパや中東のリッチな観光客が多いため、ホテルや別荘地は洗練され、アクティビティも充実。それでいて、アフリカらしい大自然を感じる景観や素朴な雰囲気も楽しめるリゾート地。ただお金持ちだけの島ではないセーシェルとモーリシャス。島特有のスローライフのおかげで、人々の心はとても豊かだ。治安もとても良い。

「トム・ソーヤーの冒険」の主題歌には「そうさ　男の子は回り道をしても　夢の海へ着けばいい」とある。男の子も女の子も、つらい時は顔を空に向け、忘れた夢をもう一度見つけてほしい。小さな憧れから始まり、ここにたどり着くまで相当な時間がかかった。私にとってこの2つの島国はいつまでも夢の海そのもの。

モーリシャスの七色の大地

Republic of Cote d'Ivoire
コートジボワール共和国

アフリカを知った原点 ～穏やかな時と残酷な時

アフリカ54カ国の中で一番多く訪れている国「コートジボワール共和国」。２０１４年サッカーワールドカップ（W杯）ブラジル大会では日本と対戦し、後半にエース・ドロクバ選手投入によって逆転負けしてしまい、日本中が悔しい思いをした。サッカーには詳しくないが、ドロクバ選手のことはこの国を訪れるうちに知るようになった。

テロや内戦もあり、常に厳しい状況下にあるコートジボワールで慈善活動を行うドロクバ選手。２００５年、W杯ドイツ大会出場を決めた際には、政府軍と反乱軍の内戦が続く母国に向けて、チームメイトと共に戦争に終止符を打つよう訴えかけ、本当に内戦が収まったとか。彼は国民的英雄でもある。しかし、そんな彼らの願いも虚しく、時が経てばまた争いが始まり、悲劇が繰り返される。

コートジボワールは民族同士の対立や政権争いなどで絶えず内戦が

コートジボワール共和国

西アフリカに位置する。リベリア、マリ、ガーナなどに接する。1960年に独立。90年代後半から軍によるクーデターや反乱などが相次ぎ、不安定な情勢が続いた。

首都はヤムスクロだが、最大都市アビジャンに大統領府などの首都機能がある。人口は約2060万人。基幹産業は農業で人口の約80％が従事する。コーヒーやココアなどとともに、90年代から産油が開始され、近年石油・石油製品の輸出も。

続き、近年では特に2010年の第二次コートジボワール内戦が大規模だった。発端は大統領選。敗れたバグボ前大統領が当選したウワタラ大統領に不正があったと主張し、大統領府を明け渡すことなく大統領就任宣言をしてしまう。当選したウワタラ大統領も、アビジャン市内のホテルに拠点を置き、大統領就任宣言をした。そのため、コートジボワールは二重政府となった。

バグボ前大統領は治安部隊やアフリカ諸国からの傭兵を使い、市民を虐殺したとか。アビジャンの街中では銃撃戦が繰り広げられ、明らかにはされていないが、死亡者数は民間人を含め2万人とも3万人とも。いつもお世話になるガイドの車にも銃痕があった。スナイパーはビルや丘の上から狙い、民間人であろうと何であろうと、「動いているものは全て撃つ」という絶望的な状況だったと聞いた。

さて冒頭にアフリカで一番訪れている国と紹介したコートジボワールを最初に訪問したのは2008年。以来ほぼ毎年、多い時は年2〜3回行くことも。第二次内戦が勃発した2010年から翌11年はもちろん訪問不可だが、情勢が落ち着いた12年からまた何度か行く機会を得た。「西アフリカのパリ」と呼ばれるだけあって近代的な建物も多く、経済の中心地であるアビジャンはフランス式の建物と歴史的な雰囲気

大都会アビジャンの中心地

笑顔だが、実はテレビ局の入り口で厳戒態勢中

が相まって、表面的には本当に良い場所だ。

しかし、内戦の爪痕は隠せない。破壊されたままの道路も多く、貿易センタービルには所々に穴が開き、ガラスが割れ、砲弾の痕が生々しく残っていた。いつものガイドは再会を喜んでくれたが、彼の喜びは「生きて会えたこと」。内戦勃発時に彼がいたフランス系の高級ホテルは包囲され、数日間監禁状態だったとか。興奮気味に話す彼の話を聞きながら、乗り慣れた車のフロントガラスに以前はなかったはずの銃痕が私の目に生々しく映り、急に涙が込み上げた。目を閉じると「ここで本当に内戦があり、この場所でたくさんの命が奪われた」というあまりにもリアルな映像が目に浮かび、涙が止まらない。情勢不安なアフリカ諸国では

アビジャン中心地にある砲撃された貿易センタービル

決して珍しい話ではないが、親しくしている人から実際にこういう話を聞くと本当に恐ろしく感じた。

そして彼はこの内戦をきっかけに再婚した。お相手は20歳近く年下で子供4人を抱えた女性で元ご主人は一般人で内戦の犠牲者。彼女を励ますうちに結婚を決めたとか。内戦後、未亡人が増え、同じようなパターンで結婚する人たちが増えたらしい。結婚・離婚を経て、負担が軽くなった50歳を過ぎてまた結婚。この先6～15歳の子供4人をこの国で養っていく厳しさを想像し、その心理を尋ねてみると、彼の答えはとてもシンプル。「アフリカで女性一人が子供を育てるのは無理。だから男が必死で守っていかないといけない。そして家族がいれば自分も寂しくないだろう」と真っ白な歯をむき出しにして笑う。今の日本ではなかなか感じられない男気に感動し、妙に納得してしまった。

内戦時の様子を聞いた後、コートジボワール訪問時は何となく欧米系ホテルは避けるようになった。宿泊先がややローカル色の濃いエリアに変わると、もちろん見える景色も変わった。ホテル周辺は大人たちから強制的に働かされている子供が目につく。多分、孤児たちだろう。洗車をしたり、大きな荷物を運んだり、一番気になったのはホテルへ出入りする外国人を見かけては「靴を磨かせてください」と声を

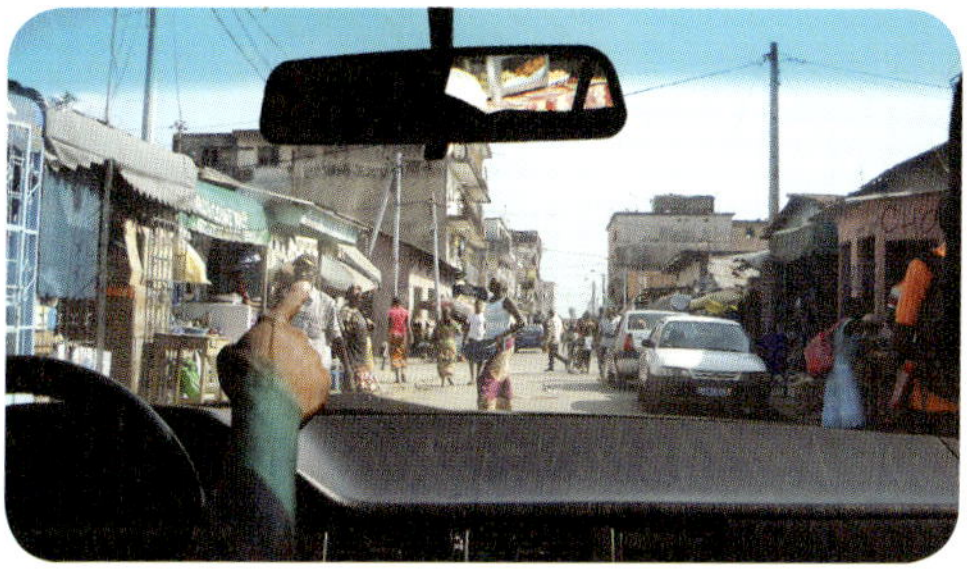

内戦があった街中を車で走りながら当時の話を聞いた

掛ける子供だ。何日か滞在し、日に何度も出入りしていると、日本なら学校に行っている時間帯に、懸命に声を掛けて来る子供に対して、「必要ない」と断ることがだんだん罪に思えてくる。よく「外国人が情けをかけるから、大人が子供を利用した強制労働がなくならない」という話を聞く。でも実際にその場にいて、お客が取れないと叩かれたり突き飛ばされたりする子供の姿を見ると、たまらなくなる。

葛藤に負け、一度だけスニーカーにも関わらず、靴磨きをお願いしたことがある。靴墨を付けようとする子供に「あっ、それはノン、メルシーよ」と言うと、上目遣いで大きくてきれいな瞳で私を見つめコクンとうなずく。そしてボロボロに擦り切れた何も付いていない布で靴を一生懸命に磨いてくれる。

しかし、子供に渡したチップは大人たちが全て取り上げてしまう。見張っている大人たちから死角をつくり、大人用と子供用のチップを分けて渡し、子供用は搾取されないように何カ所かに分けて体の中に隠させた。「私はあなたの味方よ」という思いが伝わって、生気のない顔に少しでも笑みが浮かんでほしいという思いで私も必死だった。

しばらく情勢は落ち着いていたが2016年3月、アビジャンから40㎞離れた海沿いのグランバッサムでイスラム過激派組織によるテロ

グランバッサムのビーチ

が発生、外国人観光客を含む16人が死亡した。グランバッサムはフランス植民地時代、経済の中心地であり、首都が置かれた場所だった。歴史的建造物が多く残り、独特な雰囲気を放つ旧市街地が世界遺産に登録されている。グランバッサムに向かう道中ものんびりした風景が広がる。リゾートエリアで、特にヨーロッパ人は好んで集まる。

その場所が狙われたのだ。内戦が落ち着いたと思えば、次はイスラム過激派によるテロの脅威。テロは足音もなく残酷に近づき、人々を恐怖に陥れる。ナイジェリアやマリ、ブルキナファソなど西アフリカ諸国で頻発するテロを鑑みると、今回のテロの問題は深刻だ。

これまで訪問回数が多い分、この国では多くの経験をさせてもらった。良い思い出もあれば、もちろん苦い思い出もある。私がアフリカでのあらゆる苦難を乗り越えられるようになったのは、間違いなくアフリカ初心者の頃にコートジボワールにたくさん渡航して鍛えられたからだ。アフリカでは人に悩まされ、人に救われる。いろんな人と会話し、その国のことを知り理解すれば、何らかの解決策が浮かんでくることもこの国から教えてもらった。アフリカを好きになる原点となったコートジボワール。真の平穏が訪れることを心より願う。

世界遺産の街グランバッサムの歴史的建造物

Federal Republic of Somalia · Republic of Somaliland

ソマリア連邦共和国

ソマリランド共和国

平和を求めた〝独立国家〟

～もどかしさをバネに

中心部にある戦闘機のモニュメント

ソマリア連邦共和国ソマリランド共和国

　ソマリアはアフリカ大陸の東側に位置し、ソマリランドは北部を占める。1960年にイギリス領のソマリランドとイタリア領のソマリアが独立し、南北が統合された。1980年代後半から内戦が続き、1991年に北部が独立宣言。

　ソマリランドの人口は約350万人で半数ほどが遊牧民か半遊牧民という。家畜を中心とした農業、穀類と園芸が盛ん。日本は国家として承認していない。

選挙活動する女性たち

アフリカ大陸の東側、アフリカの角と呼ばれる場所から南に伸びた国、ソマリア連邦共和国。昔からソマリアの土地は南北それぞれ別の国に統治され全く違う政治体制だった。ソマリア連邦共和国として独立後も激しく対立し、米ソ冷戦なども絡み内戦が続いた。現在、北部の「ソマリランド共和国」はソマリアから独立宣言して、南部とは比べ物にならないくらい安定している。

「崩壊国家」とも呼ばれるソマリアの南部に、私のような外国人が足を踏み入れることは不可能だ。ソマリランドは国連からは国家として承認されていないが、国民は「南部ソマリア」を同じ国と思っていないし、平和なソマリランドが誇りだ。とは言ったものの、世界的目線で見ると、ここはソマリア。普通はこの地を訪れる人がいるとは想像もしないだろうが、私は間違いなく個性的で他のアフリカ諸国とはまるで違うここがとても好きだ。

ソマリランドへ行くと非日常的な場面に出くわす。まず外出する際は軍人と同行だ。いつも宿泊するホテルが警護のために軍人を手配してくれる。そのおかげで目立つ日本人が街を歩いていてもトラブルに巻き込まれることはほとんどない。少しでも怪しい人が近づこうものなら、カラシニコフ銃で追い払うのだ（撃ちはしない）。やり方は時

街へ出る時は
軍人が同行する

には横暴で個人的には嫌なのだが、万が一のために必要である。「せめて子供にだけはやめてほしい」と訴えるが、聞く耳は持たない。

街へ出る時はその軍人とホテルスタッフとホテル所有の日本の中古マイクロバスで移動する。車内に「とまります」のボタンが付いている。どうしても押したい衝動に駆られ、押してみると「ピンポン」と聞き慣れた音がした。運転手が「前から気になっていたが、書いてある日本語が読めないので怖くて押せなかった。安心した」と言う。しかし、運転席にある「とまります点灯中」の消し方を聞かれ分からず焦った。

街中を走る車の99％は日本車。ほぼ全てが中古車で、ホテルや老人ホーム、学校などの名前が書かれたままだ。アフリカ人がぎゅうぎゅう詰めの幼稚園バス、荷台にヤギが載る建設会社のトラックなどは何とも不思議な光景だ。「どこから来たの？　チャイナ？」とよく声を掛けられるが、「TOYOTAの国から来たよ」と答えるとみんな大爆笑し歓迎してくれる。

そして市場が面白い。敷物や段ボールの上に大量のお金が積まれている。現地通貨「ソマリランド・シリング」は、国内では信用度が低い上、偽札も大量に出回っていて、ドルやユーロを使う人が多いとか。なぜ紙幣が山積みなのかと言うと、1ドル両替するだけで10枚以上の紙幣が必要だから。1000ドルで1000枚以上…、冗談みたいだ。

市場ではお金が
商品と同じように並ぶ

ソマリ語で女性の胸という意味の山「ナサブレット」はソマリランドの名所

お財布に入らないといった心配はいらない。両替後は黒いビニール袋をくれる。

街の中心部にはひときわ目立つ戦闘機がある。１９８８年、南部ソマリアは独立を切望するソマリランドの首都ハルゲイザを空爆、多くの人が亡くなった。その時に撃ち落とした戦闘機を置き、「悲惨な内戦を忘れない、独立は我が誇りだ」という決意を示している。加えていまだ統一の機会を狙う南部ソマリアに対して「絶対に統一はしない。してたまるものか」という確固たる意志の表れでもあるとか。モニュメントには2つの記念日が書いてある。１つは6月26日。これはソマリランドが旧イギリス領から１９６０年に独立した記念日。同時に南部も旧イタリア領から独立したので、５日間だけの独立を経て再び南北統合。内戦の末、１９９１年5月18日、独立を宣言した。これが2つ目の記念日だ。

ソマリランド人に独立について聞くと、みんなこう言う。

「ここととソマリアは全く違う国。統一なんて今後絶対に有り得ないし誰も望んでいない。自分たちはソマリランドの独立と今の安定、そして平和を心から誇りに思っている」

ハルゲイザの街に架かった虹

1988年に空爆された時の様子がモニュメントに描かれている

ソマリランド訪問3回目の時、現地ガイドが「どうしても知っておいてもらいたい」と学校に連れて行ってくれた。突然の日本人に学校中は大騒ぎ。イスラム教国家だが、女性の写真撮影もできた。女の子たちも「撮って、撮って」と集まってくる。

案内された教室には30歳代半ばから50歳ぐらいまでの女性が40人ほどいた。彼女たちは内戦時に学校に通えなかった女性で、週に2～3回ソマリ語の授業を2時間受ける。諸外国からの支援で学べる場が作られたが、教師の数が足りず授業はソマリ語のみ。読み書きを必死で学ぼうとする女性たちの気持ちが痛いほど心に突き刺さってきた。

彼女たちに質問した。「学校を卒業したら何をしたいですか？」。女性たちは口々に「食料を手に入れるために働きたい」「パンを買うために」「子供にお腹いっぱいに食べさせたい」と言う。その答えを聞いた瞬間、自分の思考の浅はかさに気付いた。彼女たちが職に就くために必要最低限の母国語（読み書き）を学んでいるのは分かっていた。でも私が期待していた答えはもっと夢があるものだった。スーパーで働きたい、オフィスで働きたい、衣料品店で働きたい、という夢のためだと。でも彼女たちの目的は「食べるため」、すなわち「生きるため」。

一番前に座っていた一番積極的だった女性がこう言った。「ソマリ語だけでは良い職に就けないの。計算も勉強したいけど教師もお金も

足りないから今以上は無理。日本にもっと援助してほしい。あなたから日本政府に頼んでください」。正直言って何と答えれば良いか分からなかった。「そういう日がくることを願っています」と答えるのが精一杯だった。口ごもる私を彼女たちはどう見ていたのだろうか。それでも帰りは拍手と笑顔で温かく見送ってくれた。私の手を握りながらこう言ってくれる。「また来てね。絶対に来てね」

ホテルまでの帰り道、いつもならアフリカの現実を突きつけられる度に泣くことしかできないのだが、この時は涙が出なかった。ソマリランドで同年代の女性たちが直面している問題を見て、ただただ無力さと浅はかさと、そしてもどかしさを噛みしめていた。

アフリカへ渡航する機会が多い私は、アフリカのおかげで生計が成り立っている。アフリカに恩返しをしたいが、その思いは募るばかりで、今の私ではまだ何もできない。アフリカ初心者の頃から何度も渡航しているソマリランドはアフリカの中で一番思い入れが強く、一番好きな場所だ。〈いつかは…でも今は…いや、でもきっといつか…いつかって、いつ?〉。心の中に渦巻く葛藤を抱えながら、今日もまたソマリランドに思いを馳せる。

Central African Republic
中央アフリカ共和国

"日常"を教えてくれた国
～無視しない大人になる

旅行本や旅ブログを読んでいると、時折こういった言葉を目にする。「アフリカは同じ風景ばかり」「これと言って見どころもない」。しかし、せっかく行くのだから〈どうやってその地域での滞在を少しでも印象深いものにするか〉を考える。オレンジ色の大地、食べ慣れた味、心地よい風、見慣れた路地裏、歩き慣れた並木道、混沌とした生活という"日常"がある。現地の人と同じような感覚になることは無理だとしても、敏感に感じ取ろうという努力をするようになった。その術を「中央アフリカ共和国」が教えてくれた。

その名の通り、大陸の中央部分に位置する中央アフリカは、1960年にフランスから独立してから今まで安定政治が保たれたことがない。常にイスラム、キリスト両教徒間の衝突が起き、首都バンギでも村落部でも残虐行為が多発。少年兵や女児に対する性的暴行問題も深刻だ。

中央アフリカ共和国

チャド、カメルーン、コンゴ民主共和国などと隣接する。首都バンギはコンゴ民主共和国との国境沿いのウバンギ川河畔に位置する。主要産業は綿花やコーヒーなどの農業、ダイヤモンドや金などの鉱工業。

1960年に独立するが、度重なるクーデターや、イスラム、キリスト両教徒間の対立で治安が悪化。2104年から国連平和維持活動（PKO）部隊が活動。

2012年ごろ実際に首都の空港でうつろな眼をした少年兵を見かけた。洗脳には薬物を使うという。2~3人の大人と一緒にいた彼はサイズが大きな軍服に身を包み、横柄とも感じられる立ち居振る舞いは大人そのもの。年齢は11~12歳だろうか。まだあどけない顔をしていた。こうやって戦争の犠牲になるのはいつも一般市民。ここ3~4年でストリートチルドレンも一気に増えた。

そして歴史上最悪といわれた2013年の内戦以降は目に入る光景がガラリと変わった。フランス軍や国連平和維持活動（PKO）の介入で戦車や装甲車を数多く見かける。交差点ごとに配備された重戦車や自走砲などはこちらを向いているようで怖くて鳥肌が立つ。

元々写真撮影が難しい国だったが、ますます厳しくなった。最悪なのは治安回復のために派遣されたPKOの兵士が、現地の子供に性的暴行を加えるという悲劇が起きたことだ。「無秩序地帯」といわれるこの国は誰が平和をつくり、誰がそれを守っていくのだろうか。

中央アフリカには昔、英雄がいた。19世紀終わりにフランスの植民地となった後、植民地化に協力する部族が現れ、この国は崩壊の一途をたどり始めたという。豊富なダイヤモンドなどの天然資源が常に争いの元に。しかし、第二次世界大戦終了後、独立運動を推し進める「ボ

反国軍に大勢の市民が撃ち殺された内戦の慰霊碑がある「3月通り」

ガンダ」という人物が登場する。それが「中央アフリカの独立の父、永遠の英雄」だ。彼は独立運動を成功させたが、達成記念日の直前に飛行機事故で亡くなった。陰謀というわさもある。それ以降はクーデターが続き、そのうち「アフリカで一番忘れられた国」と呼ばれるようになった。街中にあるボカンダ氏の銅像を見る度に「もしボカンダ氏が生きていたならば、この国の未来は違ったのか」と考える。

　こういう危険で混沌とした中で冒頭に述べたように〈どうやって印象深いものにするか〉だ。心掛けていることはやはり人との触れ合い。全てのアフリカ人がそうとは限らないがアフリカ人とは面白いもので、感じた疑問を単刀直入に質問すると、例え〝負〟の内容でも素直な気持ちを教えてくれる。一瞬は戸惑うものの、次第に熱が入る。そして必ず「なぜそんなことを知りたいのか?」と聞く。「日本でいろいろ調べてきたけど、現地の人の実際の気持ちを知りたくて」と答えると、アフリカ人は故郷に、民族に、アフリカに誇りを持っているので、こちら側が少しでも「知ろう」と思ったことを心から喜んでくれるのだ。

　首都バンギの教会でストリートチルドレンと出会った。とても元気で明るい子供たちだが、内戦で親を亡くしている。笑顔の裏には目の

独立の父、ボカンダ氏の銅像

前で親を殺されたという傷を抱えている。中央アフリカでは珍しく写真を撮っても「お金ちょうだい」とは言わない。ただただ写真を撮ってもらうのがうれしくて、いろんな表情を見せてくれる。そしてデジカメの小さい画面で撮った写真を見てみんなで大笑いしている。こうやって寄り添いながら生きているんだと思うと、切なくて胸が苦しくなった。

現地ガイドは「人の愛に飢えているから、人に話し掛けてもらったり、構ってくれたりするのがうれしくてたまらないんだ」と話す。少し迷ったが、たくさん写真を撮らせてくれたお礼に子供たちにあめやお菓子を配った。彼らは大興奮で大喜び。するとフランス系の国際ボランティア団体にも所属しているガイドが涙目でこう言う。「今日、君は彼らにとってもいいことをしたよ。〝大人に無視されない〟って彼らにとって大切なことなんだ。ありがとう」と。

2013年の大規模な内戦後、同じ場所を訪れ

教会で出会った少年たち

たが、彼らと会うことはなかった。大人に洗脳されて少年兵になった可能性もあるし、ボランティア団体に保護されているかもしれないそうだが、混乱の中、彼らの行方を知る人はいない。これが中央アフリカの現実だ。

中央アフリカを流れるウバンギ川はいつも穏やかだ。そこには変わらない風景が広がる。美しい夕暮れ、水面に映る太陽、カヌーで漁をする男たちの声、カヌーとカヌーがぶつかり合う音、川で遊ぶ無邪気な子供たちの声、鳥が羽ばたく羽音…。静穏な時の流れを感じながら、目を閉じれば、戦車だらけの街中の光景が浮かぶ。

またいつこの国に訪問できるかは分からない。この先3年、5年と難しいかもしれない。厳しい状況にある国だが、不思議と「もう二度と来たくない」とは思わないのだ。それはこの場所で「そこにある全ての日常を敏感に感じ取ろうという努力」を学んだからだ。

空を仰ぎ、大きく深呼吸をし、目を閉じ、その土地で自分が見た光景を脳裏に思い浮かべる。そうすると、不思議と自分を取り巻く空気感までもが変わり、今にも飛び立ちたくなる感情が沸き上がる。私はこの感覚が好きなのである。

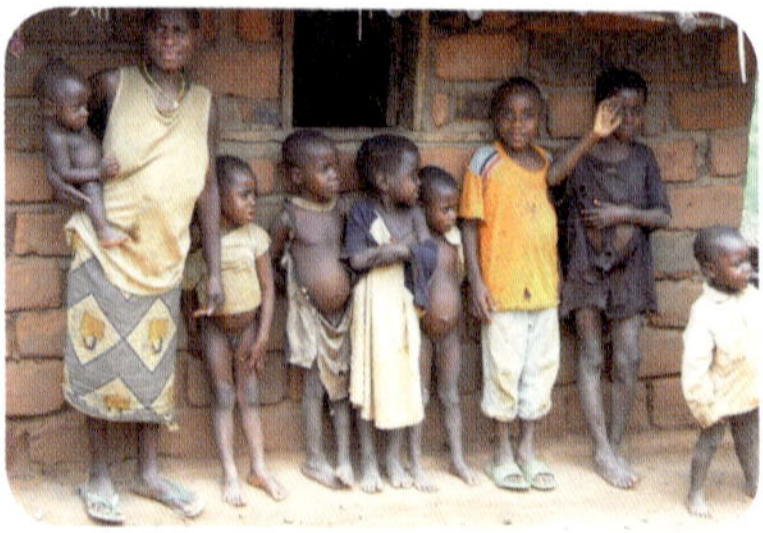

中央アフリカの森に住む小柄な民族ピグミー族。身長は150センチに満たない

ピグミー族の独特のダンス

光と闇が混在する国
～それでも絶対に屈しない

ベンサドールの姿

アンゴラ共和国

アフリカ大陸の南西部に位置し、コンゴ民主共和国、ザンビアなどと隣接する。

15世紀末にポルトガル人が到達し、長く支配された。1951年にポルトガルの海外州となり、独立運動が活発化し、75年に独立宣言。その後の内戦は30年にも及んだ。

2002年の内戦終結後はダイヤモンドや石油の輸出などで経済が急成長している。

「ペンサドール」。「アンゴラ共和国」に来ると、この言葉が頭の中を駆け巡る。ポルトガル語で「考える人」という意味だ。手で頭を抱え体を丸めた人のモチーフで、絵や置物になっている。ペンサドールはもう1つ「アンゴラの女性たちが〝絶対に奴隷にはなりたくない〟と強く拒否をしている姿勢」を表していると現地の人に教えてもらった。

アフリカへのヨーロッパ入植を機に15世紀頃から始まった恐るべき奴隷制度。原住民たちが豊かに暮らしていたアフリカにいきなりやって来たヨーロッパ人たちは、資源の宝庫であるこの地を何とか我が物にしたいと、残酷な手段で侵略し始めた。そればかりか、アメリカや南米などにアフリカ人たちを奴隷として送り込んだ。それが奴隷貿易だ。彼らは土地や資源だけでなく、人として生きる権利も奪ったのだ。

16世紀頃、アンゴラでは各地に小国が築かれ王国が成り立っていた。その中に「ンジンガ」という女王がいた。歴史上の人物の中で残虐王と呼ばれる人物は何人か思い浮かぶが、残虐女王はなかなか思い浮かばない。彼女はそういう女性だったという伝説もある。極めて強烈な考え方で猟奇的だった彼女は、男たちや村人たちを恐怖に陥れていたようだ。

ポルトガル占領時代の要塞

ンジンガ女王のコイン

ポルトガルとの奴隷貿易中は、祖国を奪われないためにキリスト教に改宗して油断させたり、脱走奴隷で軍をつくるなどして徹底的にポルトガルに抵抗。またポルトガルがンジンガ女王との交渉時に見下して彼女に椅子を用意しなかった際は、動じることなく自分の側近に椅子の代わりをさせその背中に腰掛け、交渉のテーブルに付いたという。今でもンジンガ女王はアンゴラ人の不撓不屈の精神の象徴的存在であり、アンゴラの硬貨にも彼女の顔が刻まれている。ペンサドールは命をかけて祖国を守ったンジンガ女王の姿にも重なる。

アンゴラには奴隷博物館がある。首都ルアンダから南へ車で約1時間、美しい大西洋沿岸に建つ当時教会だったという建物が今の博物館だ。当時奴隷に使われていた足かせやムチ、繰り広げられた残虐行為や狭い船内に鎖でつながれたまま隙間なく詰め込まれた奴隷たちを描いた絵などを見ることができる。人が人にすることとは思えないものばかりだ。その一方で当時のポルトガル総督の優雅な暮らしぶりを描いた絵もあり、何とも言えない気持ちになる。

18世紀まで続いた奴隷貿易が終わると独立運動が高まり、「独立の父」と呼ばれ英雄である初代大統領となったネト氏の主導で、1975年11月11日にポルトガルから独立する。その後30年間にわたり独立

初代大統領ネト氏の霊廟

奴隷博物館の外観

運動組織の間でアメリカと旧ソビエト連邦の代理戦争も絡む内戦が続いたが、2002年には停戦に合意。現在は石油やダイヤモンドなどの天然資源のおかげで各国から投資が行われ、見た目は経済発展真っただ中だ。

首都ルアンダは5つ星ホテルや豪華絢爛なオフィスビルであふれ、リゾート地のような洗練された高級住宅街には大型ショッピングモールもあり、高級ブランドが軒を並べる。人工島で土地を広げ、オシャレなカフェやレストランもどんどん増えた。ブラジルのコパカパーナビーチをイメージした海岸エリアは、そこがアフリカであることを忘れる。

しかし、その裏側では貧しさのせいで学校に行けない子供が多く、若者は夢もなく、「15歳過ぎたら男子は麻薬、女子は売春」という現状もあるというのだ。

ブラジル・コパカバーナをイメージした海岸線

長年の内戦により学校が破壊され、まだまだ子供の数に対して学校の数が少ないらしい。教育は無料なのにもかかわらず、教材が買えないため学校に通えない子供も多いとか。

乳児死亡率が世界で最も高く、平均寿命が世界で最も低い国の1つアンゴラ。世界一物価が高いアンゴラ。人々がこの国で生きていくことは容易ではないとヒシヒシと感じた。豊富な天然資源を武器に各国からの投資をどんどん受け入れるのは良いが、その前にもっとお金をかけるところがあるだろう…と思ってしまう。

もちろん良いところもたくさんある。アンゴラの河川、クワンザ川は穏やかで美しく、星空は感動的でドラマチック。空と川の境目がなくなる漆黒の闇に、無数の星空が川面まで広がる。川沿いのホテル、クワンザ・ロッジのオーナー女性は南アフリカ人でとても明るくフレンドリー。近くにはミラドール景勝地という断崖絶壁の景観が望める場所がある。クワンザ川のクルーズ船からその断崖を見上げたり、絶壁の上から見下ろすこともできる。野生動物も多く存在し、サファリツアーもある。街を歩けば強く優しく明るく、わが道を行くアンゴラ人たちに出会い、自慢のポルトガル料理も堪能できる。

アンゴラでいつも利用する旅行会社「Eco Tur Angol

対照的な2つの場所

ポール（右）と
スタッフたち

a」の社長ポールはイギリス人。イギリス系企業の駐在員としてアンゴラに来たが、この国に魅了され会社を辞め、旅行社を開いた。彼のパートナーのポルトガル系アンゴラ人のマリオにいつもお世話になっていたが、２０１６年の訪問時に彼はいなかった。日本が大好きで柔道経験もあるマリオ、前年に海水浴中に心臓発作で亡くなったそうだ。彼が最後に泳いだ大西洋の海を見ながら、ポールが言う。「マリオは仕事のパートナーであり、親友でもあった。まだ彼の死が信じられない」。アンゴラを思うたびに、愛する家族のことをうれしそうに語る彼の姿が目に浮かぶ。

光と闇、それぞれ全く違う世界が存在するアンゴラ。今、世界中がこの国に惹きつけられる理由は、もしかしたら豊富な資源だけではないのかもしれない。ペンサドールは土産品でも壁画でも、滞在中にその姿を目にしない日はないくらい街中にあふれている。その全てにンジンガ女王の魂が乗り移り、あの時に奪われたものを取り返しているのではなかろうか。そしてペンサドールを通して彼女が伝えたいことはきっとこうだ。

「不撓不屈の精神を持った誇り高きアンゴラ人たちが、二度と侵略されず、悲しい戦争に巻き込まれず、光だけの世界に包まれますように」

クワンザ川のクルーズでは
アンゴラの豊かな自然を満喫

Republic of Zambia

動物たちの現実を知る
〜「愛」と「命」を返して

ザンビア共和国

アフリカ大陸の南部に位置し、面積は日本の約2倍。内陸国でアンゴラ、コンゴ民主共和国、タンザニアなどに囲まれている。1964年にイギリスから独立して以降、内政は比較的安定している。

銅、コバルトなどの鉱業と、トウモロコシやタバコなどの農業が中心。イギリス女王にちなみ名付けられたビクトリアの滝は、ジンバブエとの国境にあり世界三大瀑布の一つとして有名。

2015年、ショッキングな出来事があった。狩猟を趣味とするアメリカ人歯科医がアフリカ南部ジンバブエで人気のライオン「セシル」を40時間追いかけまわした挙句、残虐な殺し方をした。当時、SNSなどでこの行為は世界中から非難を浴びたが、彼の言い分はこう。「自分は狩猟が趣味。正当なお金を払って狩りをしたまで」。日本を含め、世界にはこういう種の人間が増えてきているように感じるのは私だけだろうか。

幾度目かの「ザンビア共和国」、いつもは首都ルサカだけで終わるのだが、たまたま終日フリーになれる日があったので少し遠出したくなった。調べてみると、ルサカから少し離れた「リライロッジ」というホテルに、草食動物専門のミニサファリがあると知った。ホテルでタクシーを手配してもらい、行ってみることに。車で1時間ほどでヨーロッパ人が好きそうな感じの良いホテルへ到着。

プールサイドのレストランでドライバーとランチを楽しみながら、ゲームサファリ（ゲーム感覚で動物探そう！という意味）の時間を待った。ホテル併設のミニサファリは、アフリカの壮大な大地とは程遠い雰囲気で、多少はガッカリしながらもゲームサファリがスタート。本当に動物がいるのか、不安になるほど小規模だったが、意外とすぐに出合

リライロッジのレストラン

リライロッジの入り口

えた。鹿のような角があるが牛の仲間という、とても大きなウォーターバックやイボイノシシ、インパラ、シマウマ、そしてキリンなどすぐ近くに見られた。

余談だが、キリンは模様が濃いのがオス、薄いのがメスらしい。驚いたのはインパラの話。草原をピョンピョンと駆け回るインパラはなんと牛の仲間とか。このインパラ、繁殖力が相当に強いため、時期を決めて狩りをして食用にするという。インパラのカルパッチョを勧められたが、遠慮した。

そしてゲームサファリは1時間ほどで終了。会計を済ませに行くと、女性スタッフがやたらと「象小屋」へ行くよう勧める。「とにかく見ると分かるから」と言うので行ってみた。象のショーでも始まるのかと思ったが、入り口に「象の孤児院プロジェクト」と書いてある。〈孤児院とはどういうことだろう〉。少し高いところにある小屋に上がると、すでに20人近くがいる。小屋の中には象牙狩りの残酷な様子が写された写真や説明書きなどがある。ヨーロッパ人、アメリカ人、韓国人、インド人などさまざまな国籍の人たちが集まっていた。みんな、この問題に関心があるのだ。係員の説明が始まった。その説明の内容を記す。

リライロッジの敷地内にある「象の孤児院」

——ここは子象の保護センター。象牙の密売人に母親を殺された子象を保護し、野生に返す取り組みをしている。アフリカの奥地で今も続けられる象牙狩り。人間の私利私欲のためだけに無残な殺され方をする象がたくさんいる。しかも、密猟は象牙取引が合法な国や軍資金のために象牙を利用するマフィアなどが現地の人にお金を払ってさせている。実際に密猟者たちも生活があるので、心の底では嫌だと思っていても、仕事としてやらざるを得ない現状。我々団体はそういう大人たちを教育するのではなく、密猟を撲滅するためには人々の意識を根底から変えていく必要があると考え、学校を訪問し未来ある子供たちに「同じことを繰り返さない」ように教える活動をしている。センターの運営費はほぼ人々の支援で成り立っている。

ワシントン条約があるとはいえ、取り締まりが難しく、違法ルートから日本を含め象牙取引が合法である国へどんどん入ってきている。自然保護団体が安倍政権へ取引の禁止を訴えたが、日本はいまだ象牙消費国。2014年の調査では象牙取引業者数は7000以上で世界一とも。センターの係員に象牙大国は「アジアでは日本と中国」と言われ、肩身が狭かった。支援企業の中にTOYOTAがあったことが

象牙狩りの現状を伝える生々しい写真

せめてもの救いだった。

　ここでは11：30～13：00の決められた時間だけ子象を見られる。係員がそれぞれの子象がここへ来た経緯や特徴などを話してくれる。象の子供は3時間に1回2ℓのミルクが必要だが、母親が殺されてミルクが飲めなかったせいで、ここに来るほとんどの子象が栄養失調。子象たちは心に傷を負い、何日もミルクを受け付けない子象もいるらしい。小さければ小さいほど「もう絶対に離れたくない」という気持ちが強くなるのか、年上の象を親代わりのように慕うそうだ。

　母親象が目の前で殺され、象牙が切り取られていく様子を彼らはその瞳で見ている。体は人間より大きくても、人間は恐怖そのものでしかない。しかし、センターの方々の献身的なお世話のおかげで、子象たちも徐々に懐いていく。ある程度時期が来たら、野生へと戻すそうだ。


　私は動物愛護家でも、菜食主義者でもない。現地の人の仕事を奪うようなことが言いたいわけでもない。密猟者が家族を守るために利用され、仕方なく加担していることも知っている。それを含め、ただただこの現実が悲しいだけだ。人間が勝手に象牙というものに価値を付け、欲を出し競うようにして奪い合う。人間に母親を奪われ、人間の

せいで心が傷つき、人間のせいで命を奪われる動物がいるこの現実。

人間は自らの欲のために動物たちの「愛」と「命」を奪う。その動物たちの心の傷を癒やすために〈私ができることは?〉と考えた時、まずは取り組んでいる団体への協力だろう。そしてまた、金銭的な支援が難しくても、現状を知った人たちがSNSなどで1回でも何らかのアクションを起こしてくれれば、協力の輪は少しずつ広がるはずだ。たった1回の協力でも十分に価値がある。その「1回」をする人が増えればいい。インターネットの世界は怖くもあるが、こういう時は頼もしくもある。動物たちが苦しまない環境が整うことを願うばかりだ。

寄り添いながら
生きている子象たち

ちょっと Break

世界の珍事情

「世界の街角から@ Street Scene」

「通り」にはいろんな歴史と物語がある。世界遺産になるほどの奥深い街道、ゴミだらけの未舗装道路、ローカル色が濃い路地裏通りなど。人生にも歴史とドラマがある。通り沿いのベンチに座り、行き交う人々がどのような思いを抱えてその道を通っているのかを考えた時、不思議な感覚に陥る。

アフリカ「西サハラ」。世界地図上では、白抜きや薄い色で色分けされることが多い。それはモロッコとの間での帰属問題が理由だ。だが、西サハラを国家として認める諸外国もあり、「サハラ・アラブ民主共和国」として外交も行う。平和的な日常の光景はどの国も、とても美しい。特に西サハラではそれを感じる。

南米ウルグアイ東方共和国の世界遺産の街コローニャのポルトガル人が作った「スッピーロ通り（ため息通り）」（写真左）。昔、奴隷船がこの近くの港に着き、人々が最初に通る道がここだった。右側はスペイン人が作った通り。見分け方は石畳の配列が雑か、きれいか。

大西洋に浮かぶイギリス領バミューダ諸島。「魔のトライアングル」という通称とはほど遠く、華やかで洗練された魅力あふれる島。世界中から大型クルーズ船が寄港する中心部のハミルトン地区は質の良いレストランも多く、買い物も楽しめる。いつまでも居たい場所だ。

Atlantic Ocean
イギリス領タークス・カイコス諸島
イギリス領アンギラ
オランダ領セント・マーチン
イギリス領ケイマン諸島
イギリス領モントセラト
ハイチ共和国
フランス領グアドループ諸島
アメリカ領プエルトリコ
ガイアナ共和国
フランス領ギアナ
ボリビア多民族国
中南米
Latin America
and the Caribbean
アルゼンチン共和国
チリ共和国

ウユニ塩湖と宝石ロード
～天空の鏡に映った本当の自分

澄みきった青空、満天の星空、茜色に染まる夕暮れ。深呼吸して目を閉じるといつでもすぐにウユニ塩湖での時間が蘇る。

「ボリビア多民族国」南部にあるウユニ塩湖は〝絶対に見ておくべき絶景〟や〝世界の奇跡〟などと評される。特に雨季は真っ白な塩の大地に水が張り、湖面は「天空の鏡」と呼ばれる水面鏡となる。

そしてウユニから、チリ・アタカマへ抜ける「宝石ロード」と呼ばれるルートも魅力的。2016年3月、仲間4人で南米へと旅立った。旅のプランはウユニ塩湖から宝石ロードを通り、世界一の星空サンペドロ・デ・アタカマだ。

南米は遠い。そして過酷だ。日本から乗り継ぎ時間も含め、最初の目的地ボリビア・ラパスに行くだけで約30時間を要する。やっとの思いで到着しても、次にやって来るのは息苦しさ。ラパスの空港は標高

ボリビア多民族国

南米大陸のほぼ中央に位置し、ブラジルやチリなどに囲まれた内陸国。1825年にスペインから独立した。2009年、ボリビア共和国から現在の国名に変更している。憲法上の首都はスクレだが、政府機関などはラパスにある。

天然ガスや銀などの資源が豊富でリチウムは全世界の埋蔵量の約50%を占めるといわれるが、貧富の格差や失業問題などが深刻である。

4千mで世界一。着いた瞬間からスローな動きを心掛けた。

ウユニ塩湖訪問は4回目。いつもは現地ドライバーを雇い気ままに行動するが、今回は高山初のメンバーもいたので、中南米専門旅行社「オンリーワントラベル」でツアーを申し込んだ。ラパス発の混載ツアーで、ガイドはキュートで気配り上手な「奈津美ちゃん」。横浜出身の新婚カップルと、退職を機に旅行中の女性ともすぐに打ち解けた。

高地でつらいのは高山病と寒暖の差で、頭痛や風邪などには要注意だ。高地では消化機能が低下するので、食べる量を減らしたり、アルコールを控えたりする。指先で血中の酸素濃度を測るチェックでは、80以上あればセーフだが、女王だけが飛び抜けて93。旅の仕事では現地での体調不良が一番のネックなのだが、ありがたいことに高地ではなぜかいつも絶好調である。ラパスでは世界遺産のティワナク遺跡や、岩山が切り立った「月の谷」、街が一望できるキリキリ展望台を堪能した。

いよいよ翌日早朝6時に大型バスでウユニ塩湖へ出発。約10時間の道のりだが、バスはとても快適で、窓の外にボリビアの大自然を見ながらのぜいたくな時間だ。なんとか夕日の時刻に間に合い、ランドクルーザーに乗り換え、ウユニ塩湖へ。街から塩湖までは約40分。

夕陽に照らされた筋状の雲がピンクに染まる。まだ青空も残ってい

展望台から見たラパスの街

世界遺産のティワナク遺跡

て、コントラストが美しい。「天空の鏡」には同じ光景が映し出されている。だんだんと陽が落ち、空は燃えるようなオレンジへと変わっていく。雨季のウユニ塩湖の最大の魅力は、刻々と変化する空模様に360度包まれることだ。事前にテレビや雑誌で見ていても、現地での感動はまったく違う。なぜなら、空の様子は毎秒ごとに変わり二度と同じ光景が存在しないからだ。次の日も計3回訪れたが、いつも違う表情を見せてくれた。

このツアー最後の朝日鑑賞が一番素晴らしかった。この日は曇りで風も強く、雨も降りそうだった。風が強いと湖面に波が立ち美しい鏡張りは期待できない。しかし、女王たちを迎えてくれた早朝のウユニ塩湖は驚くほど幻想的だった。一帯は銀色がかったブルーの世界が広がり、水平線の低い位置には満月がぽっかり浮かび、その姿が湖面に映し出されている。見たこともない光景に息をのんだ。朝日が昇り始め、月は徐々に沈み始めると、ピンク色と銀色がかったブルーが相まってますます幻想的な世界に。「この日のこの時この瞬間、この場所にいる私たちのためだけに用意された、とっておきの光景」。まさに天空の鏡が魅せる魔法だ。

ウユニ塩湖では遠近法を利用して、トリックアート写真を楽しんだ。写真撮影は簡単そうで、実はとても難しい。しかし、現地ドライバー・ケンジはさすがプロだ。服が汚れようが、寝そべってやってくれる。「これだ!」という1枚になるには実はかなりの時間を要す。息切れをしながら何度も何度も共に大ジャンプしてみたり、恐竜に襲われるシーンを撮ってみたり。仲間との距離がグッと縮まる。

同行した新婚カップルのおかげで、たくさんの幸せをもらえた。真っ青な空の下、真っ白な塩湖上で新婦はウェディングドレスを、新郎はネクタイを締めての結婚式。ロマンチックな写真もたくさん撮れた。新婦によるブーケトスはかなり盛り上がった。ブーケをゲットしようと殺気立った独身女性陣を抑え、まさかの現地男性ドライバーの勝利!　ブーケを持って逃げるドライバーを女性陣が追いかけ、周りは大爆笑。天空の鏡の中で幸せな笑い声が響き渡った。

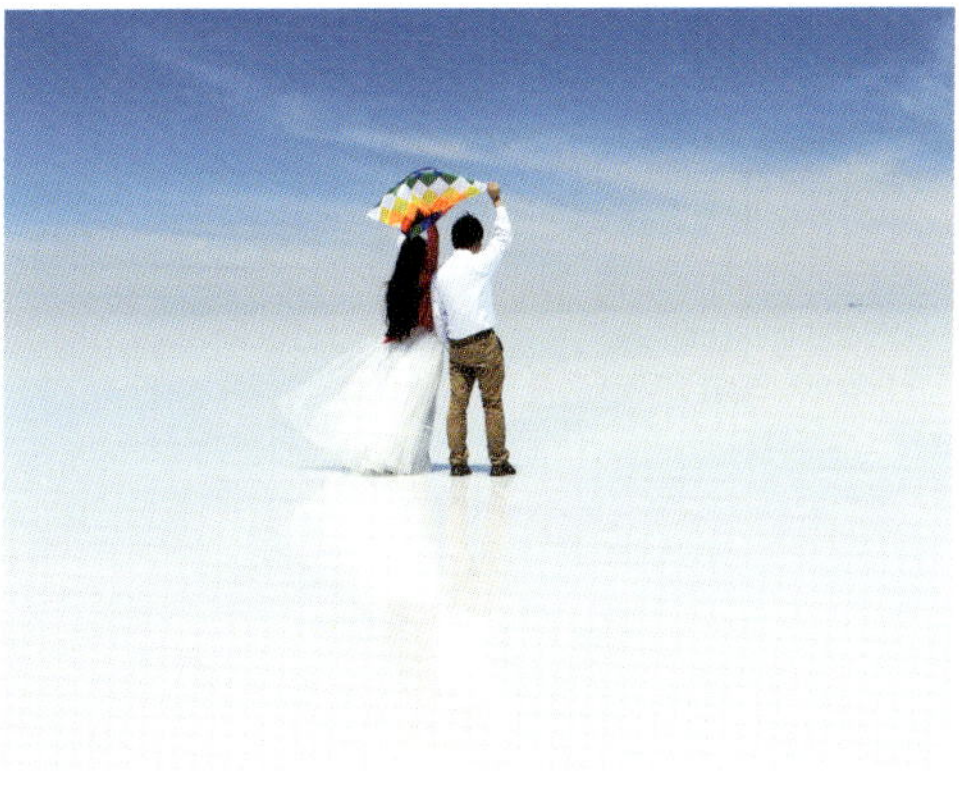

インカワシ島

別れの時。お世話なった奈津美ちゃんに、サプライズでメッセージカードを渡した。「初めまして」から「また会う日まで」は短かったが、同じツアーに参加し、同じ物を食べ、そして同じ光景に感動した。ウユニ塩湖というフィールドで、1つのチームとして団結し勝利を収めた気分だ。たくさんの思い出を胸に女王たち4人はツアーを離団し、サンペドロ・デ・アタカマを目指した。

アタカマへの陸路移動は本当にハード。2泊3日の行程で標高は最高5千mを越える。車は満席状態で、舗装されていない悪路ばかり。途中、エコ感満載の簡易ホテルで2泊しないといけない。そうまでしてもこのルートをたどる価値があるのだ。日本人がよく使う「HODAKA」という旅行会社に申し込んだ。このツアーにも旅の仲間がいた。世界一周中の日本人男性と、南米周遊中の香港の女の子。6人と運転手ケンジでランドクルーザーに乗り込み出発した。

まずは、塩湖で採れた塩を販売する「コルチャニ村」、不要になった列車が放置された「列車の墓場」を巡り、楽しみにしていた「乾燥した塩湖のど真ん中でのランチ」。前日までとは違い、誰もいない静かで真っ白な大地にケンジがテキパキと準備する。車の荷台は料理を並べるテーブルに早変わり。チキンやパスタ、果物まで盛りだくさん。

列車の墓場

お土産も買えるコルチャニ村

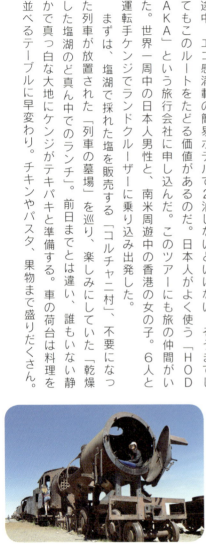

ラグナ・エディオンダ

ランチの後は、塩湖内のインカワシ島へ。インカワシとは古代民族の言葉で「インカの家」という意味。数千本のサボテンが生えた小高い島で、入場料を払う。小刻みに休憩を入れながら20～30分かけて登った。途中には千年もののサボテンや、奇岩のアーチなど見どころも。青空に向かってスッと伸びるサボテンがかわいい。頂上から果てしなく広がる真っ白なウユニ塩湖の雄大な光景を目にした時、やっとウユニ塩湖への未練を断ち切り、次へと気持ちが切り替わった。

ここからは、ひたすら宿泊地であるサンファンへ一直線。未舗装道路もケンジの高い運転技術で予定より早く到着した。ホテルの床は砂、トイレとシャワーが同じ場所で男女共同、悪臭の漂うトイレに驚いたが、簡易宿泊施設なので仕方がない。翌日は、塩湖チグワナ湖や約5,900mのオジャグエ火山を見て、ラグナ・エディオンダへ。スペイン語で「臭くて深い湖」という意味で、車から降りると硫黄の臭い。ここの見どころはたくさんのフラミンゴ。それから「深い湖」というラグナ・オンダを見て、世界一の標高にあるシロリ砂漠を越え、エドワード・アバロワ国立公園内へ。ここからが宝石ロードとなる。ルビーのような美しい「赤い湖」ラグナ・コロラダが見えてきた。赤い湖と青空とバックにそびえ立つ山とのコントラストに感動する。

ラグナ・コロラダ

岩だらけの道

フォルケス温泉

この日はラグナ・コロラダ近くに宿泊。前日よりも小さい部屋で男女混合6人1室だ。しかし、ここまで30時間以上旅を共にする仲間たちなので気にならない。夜の星空は涙が出るくらい美しかった。

次の日の出発は朝4時半。高山の朝は凍えるほど寒い。ケンジが焼いてくれたパンケーキの甘さとコーヒーの温かさがありがたい。朝焼けの中、地面の深い所から高温の煙が噴き出す間欠泉から、世界一の標高にあるフォルケス温泉へ。男女も国境も関係ない「混浴」だ。もちろん水着だが。

次は、スペインの画家サルバドール・ダリが描いた絵と似ているため名付けられた「ダリ砂漠」、湖底の藻の色と太陽の光や風の具合で鮮やかな緑に見える湖ラグナ・ベルデと続く。湖の向こう側には5,900mのリカンブール火山がそびえ立つ。石灰分が多く、太陽の光で湖面が真珠のように輝くラグナ・ビアンカを最後に、この壮大な冒険の旅は終わりに近づく。

ボリビアとチリの国境で仲間ともお別れだ。宝石ロードにはその名の通りさまざまな宝石が散りばめられていた。どれも美しく輝き、魅了してくれた。しかし、「宝石の道」と言われる本当の理由は、このルートをたどった者にしか分からない、「ダイヤモンドのような思い出」が見つかるからではないだろうか。道中は苦しくて、つらい時もあっ

ラグナ・ベルデ

ダリ砂漠

ボリビアでよく見られるリャマ

たが、共に味わった感動は宝石のように色あせることはない。

帰国後、考えた。ウユニ塩湖の鏡に映った無邪気で自由奔放な女王が本当の自分だったのかな、今日本にいる姿が本当の自分なのかな、と。そして思い出した。旅の仲間が天空の鏡に映る自分に向かって「おーい、北半球の自分よ、ヤッホー！」と叫んでいたことを。おかげで気付いた。ウユニ塩湖での自分も、日本にいる自分も、どちらも本当の自分なのだ。鏡の魔法の力を借りて、自分の心も鮮明に映し出せたのだ。

ウユニ塩湖に来る人は必ず知っておいてほしい。ウユニの街と塩湖は今、観光客による汚染が深刻化している。確かに前回４年前に訪れた時とは違った。真っ白な大地の一部は車の乗り入れで茶色い部分が増え、観光客が持ち込んだゴミや排泄物も大きな問題となっている。

原因の多くは天空の鏡に殺到する日本人。自分たちも足を踏み入れておいておこがましいが、マナーを守らない人がとにかく多いという。その問題を解決したいと元ガイドの日本人男性が「ゴミ問題プロジェクト」を立ち上げているそうだ。日本人の尻拭いを日本人がするという活動に頭が下がる。今後もより多くの人々に、ウユニ塩湖の感動を長く味わってもらうために、私たちが気を付けなければいけない。ウユニ塩湖の美しい光景がいつまでも守られるように。

増えた車の乗り入れで茶色くなった塩湖

塩の大地に「ヤッホー」

Republic of Chile
チリ共和国

ドラマチックなアタカマの夕日
～いろんな生き方がある

夕焼けに染まるサンペドロ・デ・アタカマの月の谷

チリ共和国

面積は約76万㎢で日本の約２倍。人口は約1800万人。首都はサンティアゴ。

チリは晴れて星がきれいに見える高い山が多く、中でも北部のアタカマは１年を通してほとんど雨が降らず、電波観測の邪魔になる空気中の水分が少ないことから、2013年には標高５千ｍの高地に最先端の「アルマ望遠鏡」が設置された。2015年の財務省貿易統計によると、日本のワイン輸入量ではチリがフランスを上回り年間トップとなった。

南北約4,330㎞、日本の最北端から最南端までの距離よりも縦長い国「チリ共和国」。北部に行けば世界一乾燥しているといわれるアタカマ砂漠で世界一の星空を見ることができる。南部に行けば南極に近い場所で素晴らしい景観を持つ氷河を見ることができる。日本でもすっかりおなじみとなったチリワインは、害虫の被害でヨーロッパでは絶滅した高品種のブドウで造られている。複雑な地形が害虫の侵入を妨げているとか。ヨーロッパからチリに渡りワイナリーを開いている人も多く、優秀なワイナリーがたくさんある。

チリではいろんな経験をしているような気がする。チリは南米の中でも特に食べ物の持ち込みが厳しい。空港でも陸路でも荷物検査は入念に行われる。チリの空港で不注意からドライマンゴーを持ち込んでしまい、トラブルになった。別室に連れて行かれ、パスポートは没収、延々と2時間近く説教された。ひたすら謝る。何か聞かれても「言葉が分からない」フリをしないといけない。「罰金500ドル」と言われた時は特に分からないフリをしていたため、相手が諦めてくれた。最後は「もう二度と持ち込みません。今度持ち込んだら罰金を払います」という誓約書にサインさせられ、何とか解放してもらった。

大統領官邸

こんなこともあった。仕事で出会った日系人の男性と首都サンティアゴの人気レストランでランチをしていた時のこと。店内にやたらと目立つ男女がいた。男性は筋肉質でイケメンで若い。女性の方は若くはないが、魅力的で妖艶な色気がある。大声で話したり笑ったりするので、ついつい気になってチラチラ見てしまう私たちに女性の方が気付いた。すると席を立ってこちらに来るではないか！

彼女は日本語で「ニホンからキタノ？　ココにスンデルノ？」と聞く。「日本語上手ですね」と言うと、満面の笑みでこう答えた。「ワタシ、ニホンにスンデタことアルヨ」。その話し方を聞いて記憶がよみがえった。そう、彼女は2001年ごろに話題となった「青森の日本人男性に10億円以上を貢がせたチリ人妻のアニータさん」だったのだ！　とても驚いた。まさかチリであの「アニータさん」に出会えるとは思っていなかったので妙に興奮した。

アニータさんは言う。「ワタシにニホンジンのダンセイをショウカイして」。そして連れの日系人の彼に「アナタ、ホテルはドコ?」。開いた口が塞がらなかった。しかし、くりくりした瞳に愛らしい笑み、露出度の高い服でしゃべる彼女に魅力も感じる。引き込まれてしまう男性は多いだろうなと思った。幸い知人の彼は20代でまだ若いので、年の離れたアニータさんの誘いに乗ることはなかったが。

首都サンティアゴの風景

記念に写真を一緒に撮ってもらいたいと思っていたら、アニータさんの方からお願いされた。そして「ワタシのシャシンをミセテ、ニホンジンダンセイをイッパイチリにツレテキテ」と言うではないか。もう感心するしかなかった。彼女の生きざまが良いのか悪いのか分からないし肯定するつもりもないが、「人にはさまざまな生き方がある」。アニータさんと出会ってそう感じた。

もう1つチリで思い出深いのは北部の「サンペドロ・デ・アタカマ」。冒頭に述べたようにアタカマ砂漠では降水量が極端に少なく「世界一乾燥しているがゆえ、世界一の星空」が見られる。アタカマの街はとても小さいが、世界中から観光客が集まるため、中心地はレストランやお土産物屋さん、旅行会社などたくさんのお店がある。砂漠のオレンジ色をした道に白い建物が立ち並ぶ。お土産品も色鮮やかで見ているだけで楽しい。特に夜はオレンジの光に照らされ街中が何とも言えず美しい。

残念ながら満月だったため天体観測には適しておらず、星空ツアーがなかった。ただ夜になると涙が出るほど感動的な星空が広がっていた。南十字星もはっきり見える。スマートフォンを星空にかざすだけで星座が分かるという、天体観測アプリをダウンロードしておくと面

サンペドロ・デ・アタカマの中心部

白さが増すだろう。

また、その名の通り月面のような砂漠が広がる「月の谷」もある。30人ほどのツアーに日本人は私たち3人だけだった。そのツアーは同行者の言葉を借りるとするなら「男性ガイドがアミーゴを連発する粋なツアー」。日本みたいに堅苦しくなく、大股広げてバスの前に座り、膝に肘をついてマイクを持ち、必ず説明の始まりは「オーケー、アミーゴ！」からだ。女王たち以外はスペイン語圏の参加者なので、まずはスペイン語の説明から始まる。笑いが出たり、みんながうなずいていたりするが全く仲間に入れない。スペイン語が終わると、やっと英語の説明になるという流れ。フレンドリーなガイドは「オーケー、次はＪａｐａｎファミリー」と言いながら楽しませてくれた。

月の谷一帯は昔、海だった場所が火山の噴火によって海底が隆起してきたそうだ。隆起した地面は長い長い年月をかけて風で徐々に削られ、さまざまな形になるとか。そういった風景が広大な大地に果てしなく広がる。その大地は携帯電話などに使われるリチウムを含んでおり、世界中の3〜4割はこの辺りから産出されるそうだ。岩山を登り上から月の谷を見下ろすと、その光景は圧巻だ。

「気が遠くなるような長い年月をかけてできたこの光景を見ていたら、

日本の狭い社会で小さいことを気にしている自分は何だろうって思う」と同行者が言っていたが、確かにそうだと思った。月の谷ツアーのメインはサンセット。夕日に照らされた月の谷はドラマチックで本当に美しかった。砂だらけになりながら、岩山を登ったりして歩く時間も長かったので少し疲れたが、とても良いツアーだった。

　そしてアタカマで宿泊した「Ｈｏｓｔｅｌ　Ｈａａｌａｒ」のオーナーのベロニカには本当に良くしてもらった。気さくで真面目で優しい彼女がいてくれたおかげで、1泊だけだったがアタカマを満喫できた。チリは本当に魅力的な国だ。特に高地であるボリビアのウユニ塩湖からチリに入った時はホッとするし、アタカマの優しい雰囲気に癒やされる。とにかく縦長い国、見どころはまだまだたくさんだ。チリにチリばめられた魅力を探訪する旅はこの先もまだまだ続きそうだ。

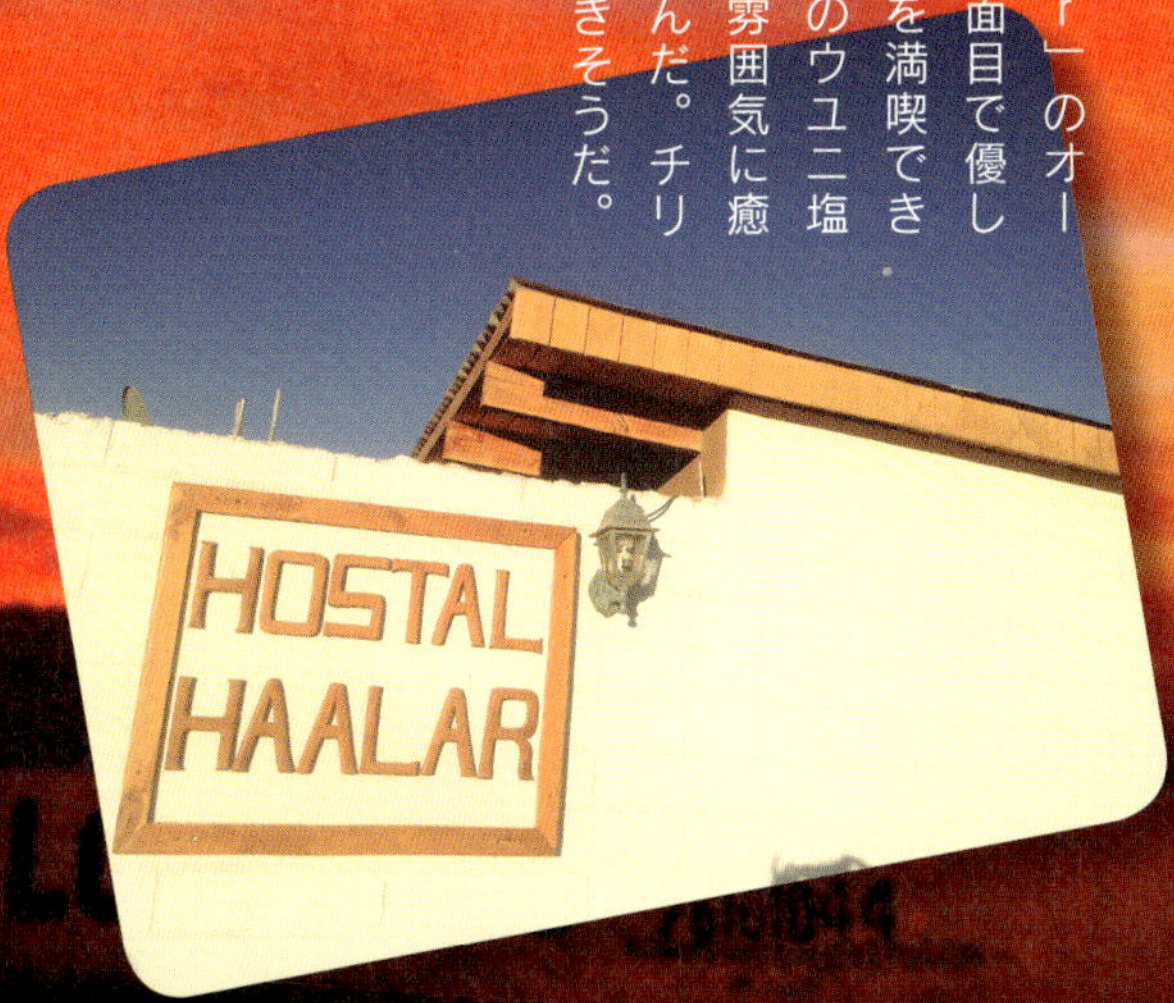

南米にあるおふらんす
～流刑地と宇宙センターの間で

知らなかった。まさか南米にフランス領の海外県があるとは…。知らなかった。まさか「フランス領ギアナ」にNASAのような宇宙センターがあるとは…。ギアナは南米大陸でたった1つのヨーロッパ領。隣国のスリナムから川を渡ってボートでたったの20分で行くことができる。そのボートの船頭さんはこう言う。「面白いだろう！　たった20分で向こう岸はフランス。言葉も食事も文化も人種も法律も何もかもが違う」。インターネットの情報などでは「宇宙センター以外に見る場所はない」「わざわざ高い料金を払ってまで行く価値はない」などいろいろとマイナスな面が書かれてあったが、船頭さんのような見方をすれば確かに面白いだろう。

船着き場からタクシーでまずは国境沿いの「サンローラン・ド・マローニ」にある刑務所跡と博物館に立ち寄る。この地は20世紀半ばまで本

フランス領ギアナ

南米大陸の北東、スリナムとブラジルの間に位置する。赤道気候だが貿易風によって温暖で過ごしやすい。フランスによる植民地時代を経て、1946年に海外県となった。20世紀半ばまでフランス本土で重罪を犯した流刑地だった。

国の９割が緑に覆われたアマゾンの森で、近年はエコツーリズムが注目されている。マローニ川やコー川流域には珍しい野生動物が生息し、大西洋の浜辺ではウミガメの産卵も見られる。

スリナムからギアナへ。
川の向こうはフランスなのだ

国の政治犯や重罪犯の流刑地になっていたそうだ。近くには1870年代に囚人によって建てられた教会があった。教会内には美術館のように多くの絵が飾られているのだが、当時の牧師がキリストにまつわるさまざまな絵を見せて、囚人たちに描かせたという。その中に、向かって左側の胸に矢が刺さっている絵があった。自分中心で考えると心臓は左にあるので、描くときに向かって左側に心臓を描いてしまったとか。非常に興味深いアートな教会だった。

そしていよいよ宇宙センターがあるクールーという町に向かう。フランスとはいえ、ここは南米。大自然に恵まれ、ひたすらジャングルに囲まれた一本道を進む。そしていきなり現れる。ジャングルだらけの場所に場違いな宇宙センター。ここは欧州宇宙機関が開発したアリアンという人工衛星ロケットを打ち上げる場所だ。管理はフランスがしている。何でここに宇宙センターが⁉と疑問が浮かんだ。フランスの領土で好都合だから？など考えたが、この場所はロケットを打ち上げるのに最適な場所らしい。それは、地球というものは東へ向かって自転しており、自転の速度は赤道部が最も速く、ギアナは赤道部に位置しているから。ロケットを打ち上げる際、この地球の自転を利用することで燃料節約にもつながる。それと一番怖いことが打ち上げ失敗

囚人によって建てられた教会

による惨事。もし民家がある場所にロケットが墜落すれば大惨事は避けられないが、クールーは東側が海なので墜落しても人々に被害は出ない。ということで、ロケットを打ち上げるのに適した場所なのだ。

センターは一般の人が楽しめるように、実際ロケットが打ち上げられる際に使うコントロールセンターや博物館が見学できる。ロケット

宇宙センターにあるアリアン・ロケット

発射台付近まで行けるツアーもあるが、タイミングが合わず断念。この田舎町クールーに住む人々の多くが宇宙センターに勤務しているか、宇宙センター関連の仕事に従事しているそう。観光客も女王のような「珍しい国専門」の変わりものではなく、ほとんどが関係者の身内や友人などらしい。雇用も生み出すこの宇宙センターは、地元民にとっても大きな役割を果たしている。

さて、見学後は来た道をひたすら戻り、県都カイエンヌへ。ダウンタウンはお土産店やレストラン、オフィスなどがひしめき合っているが、寂れた雰囲気で建物はどれも古い。人も車も多いが、なぜか活気にあふれている感じはしない。治安が悪いと聞いていたカイエンヌだが、女一人で歩いていても堂々と両替をしても危険を感じることはなかった。もちろんいつものように「隙は全くないよオーラ」は出していたが。

危険よりも何よりも感じたことは「チャイナパワー!!!」。やはり中国人はすごかった。入ったお土産物店やスーパーはほぼ中国人経営。「こんなところまで…」。ただただ驚くしかなかった。現地ではフランス語しか通じない中、なぜかここには英語を話す中国人が多く、いろいろと親切に情報を教えてくれて随分と助かった。この辺りには外国

県都カイエンヌの中心部

クールーの街中

人といえばフランスと中国人が大半で、中国人でさえも女王を中国人だと思って「英語を話すか？」と聞く。ホテルでの夕食時、上品なフランス人支配人の女性が近寄ってきた。そして「明けましておめでとうございます！　今年は寅年ですね！」と言うではないか。訪問した時は2月。一瞬頭の中が「？」になったが、ちょうど旧正月。私たちを中国人と勘違いしたみたいだ。いつもなら「ワタシ、ニホンジンですけど!!」と訂正するところだが、新年の挨拶をしなきゃとテーブルまで来てくれた彼女の心を否定したくなくて、感じ良くにこやかに「メルスィ～」と言ってみた。

ギアナ滞在は1泊だけだったが、インターネットの情報とは違い、とても充実した時間が過ごせた。言葉が通じなくても、タクシーの運転手やレストランの店員などいろんな人にたくさん優しくしてもらい、気を遣ってもらった。

北海道とほぼ同じ広さのギアナ。いつまで走っても延々と草原やジャングルが広がり、土地は有り余っているように感じた。これだけ土地があるので農業が盛んかなと思ったら、そうではないそう。主たる産業は漁業、あとは木材輸出など。もっぱら経済はフランスに頼りっぱなしなので、これ以上の発展は難しいそうだ。フランスも宇宙センター

ウミガメが訪れるビーチ沿いのホテル

以外は力を入れていない。

しかし、この場所は観光地化されず、何となくこのままで良いような気がしていた。宇宙センターも造ってしまったので、この先この地が独立することもないらしいし、地元民もそれを望んではいない。フランスだが素朴な雰囲気でフランス本土とはかけ離れた生活スタイルがあるこの地が、先々欧州連合（EU）諸国の思惑などでおかしな事態に巻き込まれないよう願うばかりだ。

最後に、ギアナではアリの巣にご注意を。何も考えずにアリの巣に左足を突っ込んでしまった女王。怒ったアリたちが一斉に足に這い上がってきた。立派な牙を持った奴らは靴下の上からだろうと、どんどん刺してくる。パニック寸前だったが、何とか水や持っていた虫よけスプレーなどで追い払い、足をもぎ取られる事態は避けた。しかし、刺された後の腫れ上がり方のひどいこと。持参していた薬で何とか対処したがしばらくは痒みと戦う日々だった。その経験以降、過敏になった女王は疑わしい場所では下ばかり見て歩いているのだ。宇宙センターが楽しかっただの、人々が優しかっただの言いながら、結局は「アリ地獄経験」がここでの忘れられない思い出となってしまった。

草原やジャングルが広がるギアナ

日本人が99%行かない国

～滝に平和の願い込め

上空から見える圧巻のカイエチュールの滝

ガイアナ共和国

南米大陸の北東部に位置し、ベネズエラ、ブラジル、スリナムと隣接する。面積は本州よりやや小さい21万5千㎢で、人口約76万人。19世紀初頭にイギリス統治下に置かれ、イギリス領となるが、1966年に独立した。公用語は英語。

農業や鉱業、漁業が主要産業で、砂糖や米、ボーキサイト（アルミニウムの原料）が輸出額の5割を占める。

以前、某テレビ番組を見ていると見慣れた光景を目にした。「おおっ！　ガイアナが特集されているではないか！」と喜んだのだが、画面右上のテロップにはこう書いてある。「日本人が99％行かない国、ガイアナ共和国」。番組では取材中にスタッフがパスポートなどの盗難被害に遭い、大変な思いをした部分が放送されていた。

確かに「ガイアナ共和国」は治安が良くない。インターネットで「ガイアナ　治安」と検索すれば、「南米一治安が悪い」と出てくる。『北斗の拳』のような荒廃した町」とまで書いてある。メディアに出ている情報がこれでは、ますます日本人が行かなくなる。日頃から珍国の良さを伝えたいと思っている女王は「ガイアナの魅力を伝えるのは私しかいない」と〝珍国魂〟に火が点いたことは言うまでもない。決して、「治安の悪い所へ行ってください」と勧めているわけではないので、そこは勘違いしないでいただきたい。

ガイアナの首都ジョージタウンには青空によく映える美しい教会もあれば、洗練された建物も見かける。表現は面白いが、「荒廃した町」というのは少し言い過ぎだ。テレビでは鳥かごを持つのがオシャレだとか、図書館にドレスコードがあるとか、宅配ピザはタクシーが持ってくるとか、かなりの珍国ぶりがアピールされていた。

上空から見たジョージタウンの街

そんなガイアナだが、とっておきの超お勧めスポットがある。その場所は飛行機でしか行けない。ぜひ、セスナ機をチャーターするツアーに参加してほしい。きれいな田園風景や、ガイアナの真ん中を流れる全長約1,000㎞のエセキボ川を上空から眺めながら飛行。10数分も飛べば風景は深いジャングルへと変わってくる。いつも「もし墜落したら」という至らぬ妄想に鳥肌が立つパターン。幻想的な雰囲気に包まれて、いきなり現れる！　空から見ると圧巻の「カイエチュールの滝」だ。珍国を極めた旅の強者たちは、世界三大名瀑（ナイアガラ、ビクトリア、イグアス）よりも秘境度が高く神秘的と言う。

空から滝を眺めた後、今度は地上から滝に近づく前に、国立公園に到着して腹ごしらえ。滝ツアーはランチ付きなのだが、利用するセスナ機のタイプによって面白さが分かれる。翼が下に付いているタイプだと飛行機の翼の上をテーブル代わりにするのだ。非日常的なランチスタイルにワクワクする。ツアーガイドのおっちゃんが翼の上にサラダ、パスタ、チキン、チャーハン、果物、ドリンク類を並べてくれる。

ランチが終わっていよいよ滝がある場所へ。30分ほどのジャングル散策なのだが、自然の宝庫であるこのジャングルは別名「ミクロの世界」と呼ばれており、草花の種類は1000種を超え、かなり興味深

大草原の中に着陸！

い。水がキレイなこの地にしか生息しないイソギンチャクのような小さなコケ類や、黄金色したわずか5㎜の極小カエルを見ることができる。そのカエルは葉っぱの中に生息していて中から出てくることはないそう。

面白かったのは「ドクター・ツリー」と呼ばれる珍しい木。5〜10㎝の太さの枝を折ると、ホースから出てくるような感じで水があふれ出てくるらしい。その水は万能で飲めば体のあらゆる症状に効くとか。神経痛、腰痛、胃腸系、肝臓系、はたまた精力増進など。観光客だけでなく植物学者や生物博士も多く訪れるジャングルは自然の植物園だ。

そして一帯は昔、金やダイヤモンドやエメラルドも採掘されていたそうだ。ゴールドラッシュの時に尽きてしまったらしいが。足元にはパワーストーンである「ローズクオーツ」が結構転がっていた。

さてさて30分ほど歩くとおっちゃんが言う。「静かに、静かに〜」。じっと耳を澄ますと「ごごぉぉぉぉぉぉおおっっっ〜〜〜!!!」。滝の水が落ちる音が聞こえてくるではないか!

カイエチュールの滝は、落差約226mで世界最大。横幅約60m。落差はナイアガラの5倍ある。滝つぼには水と共に流れ落ちてくる石や砂が長い年月をかけて固まった1枚岩がある。そこに滝が打ち付け

られることによって200m以上も滝しぶきが上がる。滝に太陽の光が当たって、美しい虹が架かる。滝へ落ちる前の川には海草のような緑の草が生えていて、髪の健康にとても良いらしい。水も透明でとてもきれいだ。

そして滝の向こう側にある断崖に人の横顔のように見える岩がある。これは昔この地に住んでいた先住民の酋長「カイ」。カイにまつわる物語があり、カイエチュールの滝の伝説となっている。

昔、この地で平和に暮らしていた先住民たち。次第に暴力や泥棒など悪事を働く人間が出てきて村の平和が崩れ始めた。自分の統率力のせいだと心を痛めた酋長カイは全ての悪を取り除くために、自分がその悪を持ってこの滝へ身を投じようと決断。そしてカイは自分の死をもって、悪人たちに平和を訴えた…。

カイエチュールの名前の由来だが、カイは「酋長の名前」、チュールは「〝落ちる〟という意味のフォール」が訛《なま》ったもの。この「顔に見える岩」は今でもこの滝を見守っているのだとか。

この滝では2009年に女性が自殺したそうだ。そして自殺した女性を捜索していた男性も亡くなってしまったとか。こういった話を聞くと少し不吉な感じがするが、そこはこの滝の不思議なところで、カ

滝つぼに架かった虹。神秘的だ

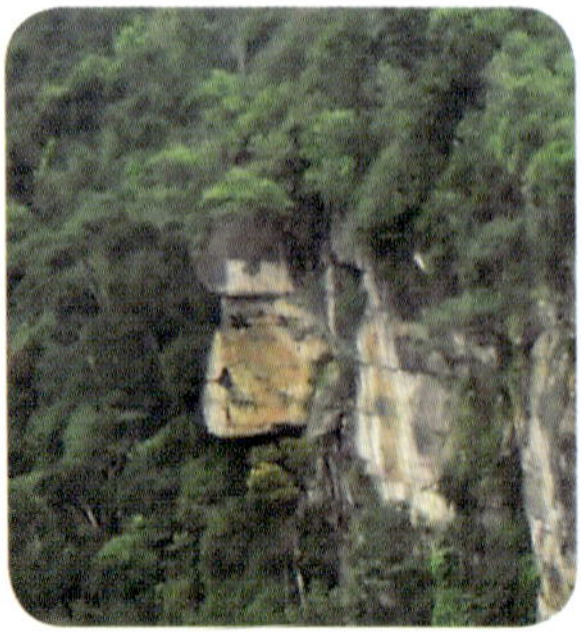

カイの顔に見える岩

イエチュールの滝はそういうものを全て受け入れ、包み込み、いつでも私たちを待っていてくれている。そういう感覚になれることが、旅人いわく「ここは他の滝とは少し違う」ということなのかもしれない。

カイエチュールの滝からセスナ機で20分ほど行った「オンデュエックの滝」もお勧めだ。ここは流れが穏やかなので、大自然の中で川遊びができる。両極端な2つの滝はガイアナの名所だ。

南米の中で女王が一番多く訪れているガイアナ。南米一治安が悪いともいわれるが、その治安の悪さによって、人々の素晴らしさやその場所の良い所を見失い、埋もれさせてしまうのはもったいない。治安の悪さをつくり出しているのは人なのだが、困った時に助けてくれるのも、いつも笑顔にさせてくれるのも、そこに住む人であり、美しい光景なのである。荒れた世を正そうと、カイエチュールの滝に身を投じたカイの思いが届くような世界であってほしいといつも思う。

オンデュエックの滝

世界中から忘れ去られた国

～いまも続く〝震災後〟

ハイチ共和国

1492年、コロンブスによって発見される。その後、フランス領となるが、1804年に中南米・カリブ海地域で初めて独立を宣言し、世界初の黒人主体の近代国家となった。20世紀はアメリカによる軍事占領、独裁政権、軍事クーデターなどが続き、当時の大統領が国外脱出するなど政治的混乱が生じた。

首都はポルトープランス。フランス語で「王子の港」の意味。人口は約1060万人。主要産業は農業でコーヒー豆、砂糖、バナナなどを栽培。

東日本大震災の約１年前、２０１０年１月12日にカリブ海に浮かぶ小さな島国、中南米の最貧国「ハイチ共和国」でマグニチュード７．０の大地震が発生した。30万人以上が亡くなり、１５０万人が家を失った。２０１６年１月現在、約６万人の人々がテント暮らしだ。私はハ

世界的に有名なハイチアン・アート

首都ポルトープランスの街並み

イチに震災前と震災後に訪れた。

ハイチは先住民の言葉で「山ばかりの土地」を意味する。その名の通り緑豊かでヨーロッパからトレッキングに訪れる人も多い。山手の方には高級ホテルや住宅地が多数。世界的に有名なハイチアン・アートは色鮮やかで目を奪われる。路上では無名の画家たちが描いた作品が至るところで見られる。路上で売られている作品は「誰でも描ける人が描いて売っている」らしい。

有名画家たちの絵が飾られるギャラリーへ行った時、すごく気に入った絵があった。じっと見入っていると、「欲しいの?」と聞かれた。「手が出る金額ではない」と伝えるとお店の人がこう言う。「写真を撮ってそれをプリントアウトして家に飾っておけばいい!」。ハイチ人のこういうおおらかさがたまらなく好きだ。

震災前は貧しいながらも街からも人々からもパワーを感じていたが、震災後は様変わりしてしまった。

2009年ごろ訪問した時には、街の中心部まで来ればどこからでも見えたはずの美しい大聖堂は、前面だけ残して崩壊。当時、テレビで何度も放送された白亜の美しい大統領官邸の一部も崩壊、官邸前の

震災後はテントが並んでいた

独立広場は仮設のテントやトイレで埋め尽くされていた。

震災前の1度目の訪問時にハイチでお世話になった方は倒壊した大統領官邸の近くにオフィスを構えていた。ハイチ生まれのフランス人で、背が高くちょっと早口でせっかちだけれども、とても紳士的で優しい人だった。ハイチという国を心から愛し、「今からハイチは変わるんだ。ハイチはどんどん良くなるはずだ！」と誇らしげに語ってくれたことを今も思い出す。2度目の訪問時に「またぜひお世話になりたい」と思ってメールをしたが返信は来なかった。震災後にオフィスの場所を訪れると、ビルごと跡形もなかった。彼らがどうなってしまったのかは分からない。

現在、首都ポルトープランス中心部では政府関係の建物などは復興が進んでいるが、人々の暮らしは置き去りのままと聞く。震災で生き残っても、その後に蔓延したコレラで命を落とす人もいる。そのコレラの原因は支援活動をする国連平和維持活動（PKO）部隊の汚水の垂れ流しだったとの報告書もある。

また毎年のように来るハリケーンも復興の妨げになっている。震災から5年が経過した頃、「世界中から忘れ去られたハイチ」と言われるようになった。徐々に支援も減り、PKOも半減した。

震災後の同じ大聖堂。撮影位置は違うが、上部が崩壊し無くなっている

震災前の大聖堂

街ではハイチ人の誇りである伝統的な「ジンジャー・ブレッドハウス」をよく見かける。格子状のデザインやレースのような細工の破風が特徴だが、森林を伐採し過ぎて活用できる木材はほぼ失ってしまい、今では貴重な建造物だ。

地震ではブロックの建物はことごとく崩壊したが、この様式の建物は崩壊を免れたという。自然災害に耐える建造物として注目されている。いつも宿泊する「ホテル　キナム」は典型的な美しいジンジャー・ブレッドハウスだ。

街を歩けば至る所でストリートチルドレンやホームレスの姿を見掛け、その貧しさを目にする一方で、同時にアートや芸術を感じるハイチ。街中を走る彩られたバスもアートそのものだ。

ヨーロッパ統治時代からの支配と独立運動の繰り返し、独立承認後の賠償問題、長きにわたるクーデターと独裁政権、そして災害。ハイチが抱える問題は本当に深刻だ。空港では養子縁組制度でヨーロッパ人夫婦に連れられたハイチの子供たちを見かけた。その子たちに笑顔はなかった。

世界初の黒人国家を樹立したハイチ人の誇り。このままだと国民は自国に屈する時が来てしまう。今のハイチは他国の支援でしか復興できない。世界が少しでもハイチに目を向けてくれることを願う。

初の黒人国家として独立を果たした
ハイチ人のシンボルとなる銅像

Turks and Caicos Islands & Cayman Islands

イギリス領タークス・カイコス諸島 & ケイマン諸島

南の島で極上の寿司とビーチを

～〝ブローネ〟は裸足で駆ける

カリブ諸島は正式には西インド諸島と総称され、南北のアメリカ大陸に挟まれたカリブ海域に点在する7千以上の群島のことを指す。ちなみに日本の島の数は6，852。南北のアメリカ大陸の間に日本列島が横たわっているような感じなのだろう。西インド諸島と呼ばれるようになった由来が面白い。

コロンブスが最初に上陸した島に住んでいた原住民アラワク人の肌の色を見て「インドに到達した」と勘違いしたとか。西インド諸島は大アンティル諸島・小アンティル諸島・バハマ諸島から成り、「タークス・カイコス諸島」はバハマ諸島、「ケイマン諸島」は大アンティル諸島に属する。

イギリス領タークス・カイコス諸島＆ケイマン諸島

両諸島は1500年前後にコロンブスによって発見されたとされる。

西インド諸島は大アンティル諸島・小アンティル諸島・バハマ諸島で構成され、タークス・カイコス諸島はバハマ諸島の南側に位置し、大アンティル諸島に含まれるケイマン諸島はジャマイカの北西部に位置する。

タークス・カイコスは非常にシンプルだ。40ある島のうち、人が住んでいる島は8つだけ。一応カリブ海のリゾートらしくビーチ沿いには豪華な大型ホテルが立ち並んではいるものの、ハワイのような華やかさはなく穏やかな時が流れている感じ。欧米系の熟年夫婦や親子三世代でのんびりとバカンスを過ごす人が多い印象だ。

滞在したのは旅行サイト・トリップアドバイザーが選んだ「世界のベストアイランド2015」で見事1位を獲得したプロビデンシアレス島。女王も欧米人のようにビキニを着てフルーツカクテルでも飲みながら、ビーチでのんびり読書したいところだが、そうはいかない。インターネットでは得られない多くの情報を現地で入手するという任務のため、タクシーをチャーターして島内観光へ出かけた。

車に乗るなりドライバーはラテン系のノリでこう言う。「Hey！どこに行くんだyo～？　ここではみーんな海を楽しむんだぜ！」。それに対し、「あなたに任せるからどっか連れて行ってyo！」と女王。そして返された言葉は「OK！クール！ベイベー」。

そして連れて行かれたのは、「コンク貝の養殖場」。コンク貝はカリブ海に生息する、とろけるようなピンク真珠を作り出す巻貝だ。千個に1個、または1万個に1個の確立でしか真珠ができないため価値は

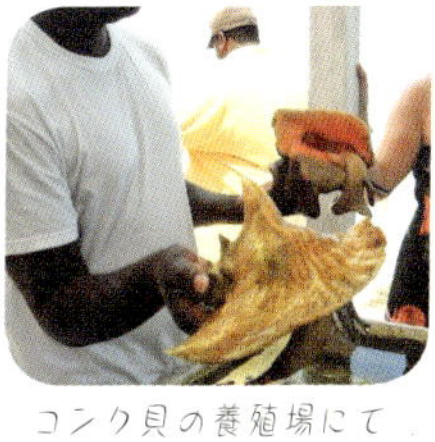

コンク貝の養殖場にて

かなり高い。中身はかなりグロテスクで、コンク貝を小さめにカットした「コンク貝トマトソース煮込み」がポピュラーなメニュー。歯ごたえはイカのような弾力、味は貝柱っぽく、貝自体にはさほど魅力は感じない。しかし、味付けはどこもおいしい。美しい貝殻は置物や浮き彫りを施したカメオになる。

タークス諸島と言えば、1980年代に野生のイルカ「ジョジョ」がきっかけでエコツーリズムの意識が高まり話題になった。ジョジョは次第に人間と遊ぶ回数が減り、そのうち姿を消したが、今でも島のシンボルとして愛されている。町の中心部にあるジョジョの壁画を見に連れて行ってもらった。描かれたジョジョの両サイドにはこの島に飛来するフラミンゴの人形もあった。

一番の収穫は「YOSHI'S SUSHI BAR JAPANESE RESTAURANT」。海外では金銭が許す限り良い食事にありつきたい女王が、空港でもらったグルメ本で探し出したのだ。そのレストラン、宿泊ホテルから徒歩5分。これは行くしかない。その付近だけ順番を待つ人でお祭りのようなにぎわいだ。予約をしていて正解だった。

オーナーの日本人男性ヨシさんがわざわざ挨拶に来てくれた。さわ

ジョジョの壁画とフラミンゴの人形

ヨシさんの日本食レストラン

やかなナイスガイ。アメリカの有名ホテルなどでシェフを務め、縁あってここに日本食レストランをオープンさせたという。日本から来る日本人は珍しいそうでとても驚かれた。メニューはお寿司、天ぷら、ラーメンのほか、山手線の駅名が付いた豪華弁当など。しかも「せっかく日本から来てくれたので」とサービスも。この旅は時間との戦いで疲れとホームシックを感じていた頃だったので、日本食を味わいながらこのような温かさに触れて泣きたくなった。帰国後、しばらくして日本のテレビ番組でヨシさんの活躍を見て、うれしくなった。この本にも快く写真を提供していただき感謝している。

次にケイマンだ。諸島を構成する3つの島の1つケイマンブラック島は、海賊の財宝を探しに行く冒険小説『宝島』の舞台として知られる。しかし、最近では2016年5月頃に「パナマ文書」で話題となったタックスヘイブンの島という印象があるのではないだろうか。背景には租税回避したい側とイギリスの思惑が黒く渦巻くのだが、ケイマンが持つ自然の美しさや人々のおもてなしの心に罪はない。ここでハッピーをいっぱい味わった女王は、「ああー、あのケイマンね。税金ごまかせる島ね」という印象だけが強くなるのは嫌なので、フォローさせてほしい。

カラフルなケイマンのホテル

宿泊はグランドケイマン島のサンシャイン・スイーツ・リゾート・ホテルというビタミンカラーがキュートなコンドミニアムタイプのホテルに。スタッフのネームプレートには外国語対応の国旗マークが付いており、誰が何語を話せるか一目瞭然。日本語スタッフはいなかったが、ドイツ語、スペイン語、フランス語、アラビア語などさまざまな言語に対応できる。レストランで出てくるミニソフトクリームは、侮れない。大人も子供も見た瞬間に笑顔になる。

ホテル近くのセブンマイル・ビーチでは驚いたことが2つ。まず、ビーチがピンクに見えること。これは砂にピンク色のサンゴの粉が含まれているからだとか。もう1つはビーチの砂がとても柔らかいこと。砂に足が埋もれずに、高級羽毛布団の上をフワフワ歩いているような感覚だ。裸足でビーチに立った瞬間に「なに、これ!? フワッフワッやん!」と思わず日本語で叫んでしまった。

色黒な女王は日焼けをするのが嫌で、長袖・長ズボンを徹底するのだが、この時ばかりは後悔した。少しでもケイマンの海を感じようと腕まくりをして、ズボンの裾を丸めた姿は滑稽だったのだろう。近くを通りかかった外国人の熟年夫婦に笑われてしまった。「砂浜がこんなに柔らかいなんて信じられない!」と女王が声を掛けると、優しく

微笑みながら「あなたの足の裏の感度はかなり良いみたいだね」と言われた。足の感度の問題なのだろうか…。この時から、海外のビーチでは水着か軽装で、そして必ず裸足で歩くようになった。

　子供の頃に見た世界名作劇場のテレビアニメ「ふしぎな島のフローネ」のように、「潮風を頬に受け、裸足で駆けてく〜♪」イメージだ。裸足になると、その主題歌が頭の中を駆け巡る。ケイマンでの経験のおかげで、これまでかなりの数のビーチを裸足で歩いた。しかし今のところまだケイマンに勝るビーチに出合っていない。

同じようなフワッフワッのビーチに出合った人がいるならば、ぜひ教えてほしい。

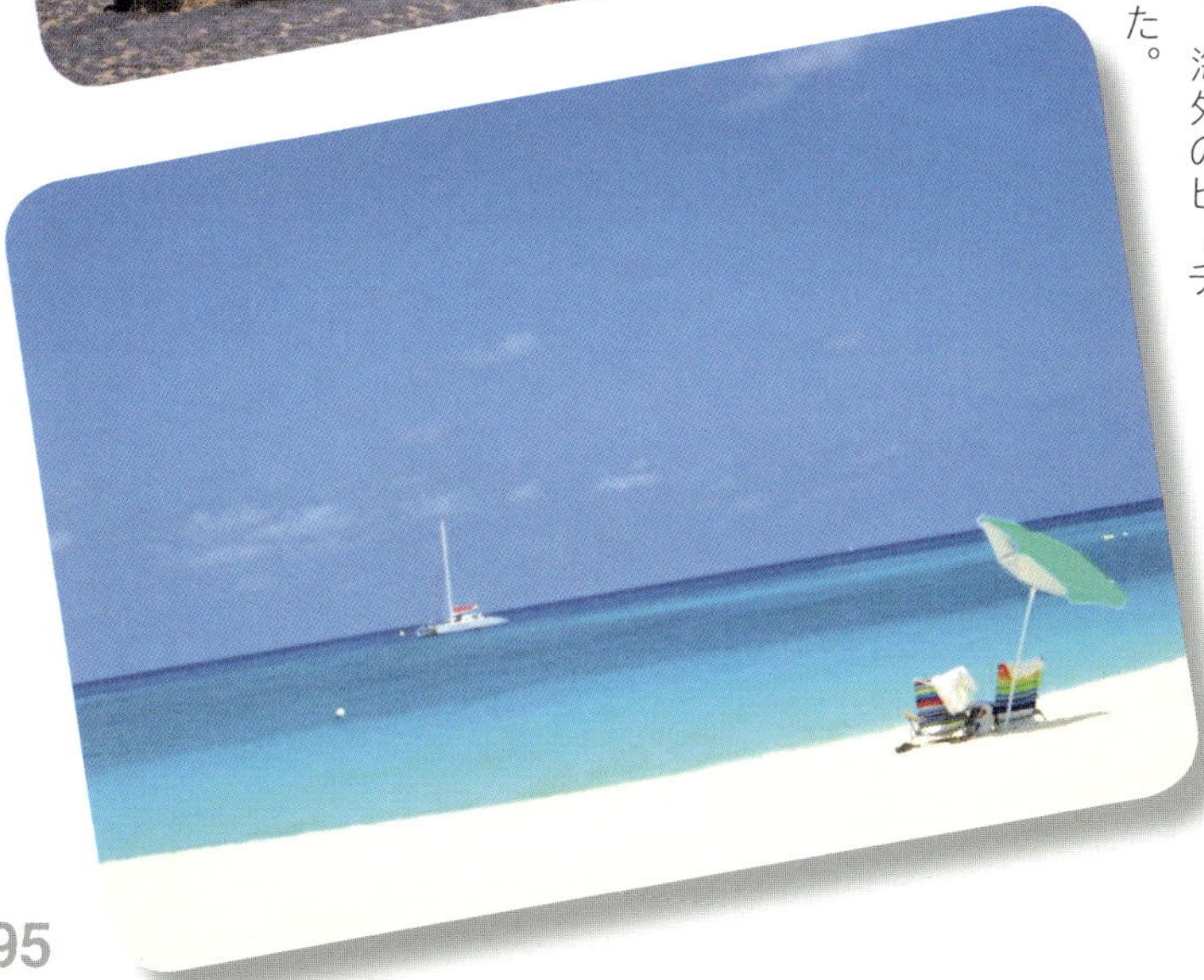

ラム酒と人間性に酔う
～人種の壁は超えられる

「プエルトリコ」と聞いてどのようなイメージがあるだろうか。アメリカの映画やドラマでは悪役の出身地がプエルトリコという設定も多く、ギャングやマフィアが至るところにいて、とても表を歩けるような街ではないという勝手なイメージがあった。そのような危険な場所（あくまでもイメージだが）に行くことになるとは一大事だ！と思い、いつも以上に入念に下調べを行った。しかし、調べるうちに、とても魅力的な場所であることが分かり、いつの間にか渡航を心待ちにする自分がいた。

さてまずはプエルトリコという名前だが、意味はスペイン語で「プエルト（港）」と「リコ（豊かな）」で「豊かな港」。プエルトリコはアメリカの自治連邦区。内部的な政治はプエルトリコの自治政府が行うが、国防も含め外交などはアメリカ主体。アメリカの市民権があり、

アメリカ領プエルトリコ

西インド諸島の大アンティル諸島に属しており、カリブ海の北東に位置する。スペインの植民地、自治政府を経て、1900年からアメリカの領土となり、52年に自治権が与えられた。アメリカ大統領選挙の投票権はない。2012年をはじめ数度にわたり、「アメリカ51番目の州」への昇格の是非などを問う住民投票が実施されている。

アメリカ経済との結びつきも強く、本土への人口流出、税収の落ち込みなどで財政状態が悪化。

パスポートもアメリカ。独自の軍はなくアメリカ軍が介入。米軍の中にもプエルトリコ人がいる。英語も通じるが、スペイン統治時代が長かったので国民の多くはスペイン語が日常言語である。

島は大西洋とカリブ海に面した西インド諸島にある。街中はきれいに整備され、リゾート感満載だ。レストランはカジュアルなところでも質が良い。中国人経営で、串から抜けない焼き鳥や、持った瞬間に崩れるお寿司を出す日本食レストランに関してはノーコメントとする。見どころも多く、世界遺産もある。1539~1783年にかけて造られた「エル・モロ要塞」は、完成までに244年の月日がかかった。大西洋に面して島の突端にある要塞は、高さ43mで城壁の厚さが6m。スペインが海賊や欧州諸国からの攻撃を防ぐため、島の半分を囲むような形で築いたという。

「オールド・サンファン歴史地区」は、スペイン統治時代に造られた旧市街地で、敵から攻撃を防ぐため要塞で囲まれている。歴史を感じるスペイン様式の建造物もたくさんあり、通りの両サイドにはレストランや気軽に入れるパブや土産物店、骨董品店、洋服屋などがひしめき合う。人々はとても明るくサービス精神にあふれている。グラマーな店員のお姉さんは購入金額がたったの2ドルにもかかわらず「せっかく遠いところから来てくれたのだから!」と、プエルトリコ国旗の

屈強な「エル・モロ要塞」

世界遺産「オールド・サンファン歴史地区」

スペイン統治時代の
名残りが見られる

キーホルダーをおまけしてくれた。レストランでは、お冷が入ったしゃれたグラスについて「知人にお土産に買いたいのだけど、どこで買える?」と聞くと、超ハンサムな店員さんが「持って行きな!」とプレゼントしてくれる。店で探し物をしていると、店員さんも地元のお客さんも一緒になって探してくれる。たくさんのプエルトリコ人の温かさに触れ、縁遠いと思っていたこの場所がとても身近に感じた。

プエルトリコは「バカルディ社のラム酒工場」で有名だ。トレンディードラマの先駆けだった「抱きしめたい!」で浅野温子さんがバーで「ホットラム」をオーダーするシーンがとても格好良く、中学生ながらコウモリマークのラム酒にあこがれていた。バカルディ社の創業者はスペインのドン・ファクンド・バカルディ。スペインからキューバに渡った彼は、世界で初めて炭で不純物を取り除く手法を考案し独自熟成方法とブレンドで極上のラム酒作りに成功。

トレードマークのコウモリは、創業者の妻が蒸留所の側の木にたくさんのコウモリがいたのを発見し、トレードマークにするよう発案した。キューバでは文字が読めなくても、みんなこのマークを見るだけで、バカルディ社製と分別でき、加えて「とても縁起が良いものだ!」と認識するそうだ。というのも、当時キューバではコウモリは古くか

バカルディ社のマーク

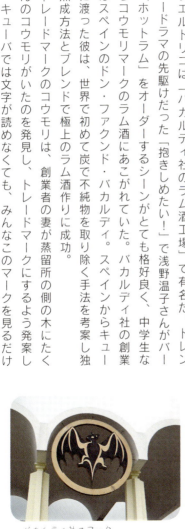

ら健康、財産、一家団結の象徴という言い伝えがあったらしい。時を経て、アメリカ進出を考えていた同社は、税金のかからないプエルトリコを生産工場として選んだ。きっとコウモリのおかげでバカルディ社は世界一のラム製造会社となったのだろう。

工場内は参加料を払えば1時間くらいのバスツアーの一環で見学できる。なかなか興味深い工場見学で、同社の歴史が分かる映画の上映や創業当時の工場の様子、炭のろ過装置なども見られた。

ラムには熟成具合によって、ホワイト、ゴールド、ブラックとあるそう。見学の最後に試飲できることが最大の魅力。入場券を購入した時にもらえる1人2杯分の試飲券を握りしめ、カウンター前で順番を待っていると、工場見学で一緒だった感じの良い年配のご夫婦が「私たち、アルコールが飲めないから、あなたどうぞ」と4枚の試飲券をくれた。これにはテンションが上がった！　オーダーはホットラムではなく「ラム・コーク」。ラム・コークはキューバでは「クーバ・リブレ」と呼ばれており、このエピソードがとても好きだ。

1898年、「クーバ・リブレ（キューバに自由を！）」を掲げて独立を勝ち取ったキューバ。ちょうど独立戦争の頃に支援していたアメリカの兵士と共にやってきたコカ・コーラと、キューバの特産ラム酒をミックスさせることを一人のアメリカ人将校が思い付いたという。

バカルディ社の工場見学はバスで見て回る

将校がこのドリンクを掲げながら「クーバ・リブレ！」と叫んだことがこのカクテルの呼び名になった。

キューバ革命以降、50年以上もキューバとアメリカは国交を断絶していたが、2014年末にオバマ大統領がキューバと正常化に向けた交渉を始めると発表、翌年国交が回復した。両国がまた「クーバ・リブレ！」と杯を交わす日が来たのだ。

プエルトリコではもう1つの目的があった。アメリカ在住のプエルトリコ人の友人に会うことだ。偶然にも女王が訪れるタイミングで彼も里帰りしていたのだ。「今日はまた一段と声がデカイね」と言われながら、プエルトリコ人である彼に疑問をぶつけてみた。「プエルトリコ人はアメリカから独立したいと思っていないの？　選挙権もないし、いつまでもアメリカ自治区で良いの？」。彼はこう答える。「独立したがる政党はあるが、知事選では勝ったことがない。プエルトリコは主産業がないから、アメリカから離れてしまうと治安も悪化するし、失業者が増えてしまう。自分もアメリカで仕事をしているし、ほとんどが独立反対派かな」

「人種差別に対しての意識はどう？　ここは特に他の地域と違ってさまざまな人種が混在しているように見えるけど？」。彼はこう答え

並んではためく
2つの国旗

る。「人種問題への意識はアメリカよりははるかに進んでいると思う。先祖代々さかのぼると複雑すぎるから。自分の父はアメリカ人、母はスペイン系。おじいちゃんはスペイン系、おばあちゃんはフランス系。そしてひいおじいちゃんは確かキューバ系黒人で、ひいおばあちゃんはスペイン系だったかな。血縁内で目の色も肌の色も髪の色も違うから、ここでは人種差別なんて言葉は存在しないよ」。そんな彼の奥さまもフィリピン系アメリカ人だった。

「人種の壁がないプエルトリコ」。これはこの地に降り立った瞬間から感じていた。彼の話を聞いて、なぜだか分かった。日本を含め世界ではまだ人種差別というものが普通にあって、黒人だから裁判では有罪率が高いとか、黒人だから地下鉄から降ろされるとか、キリスト教でないことが罪だとか。アジア人がエレベーターに乗ると白い目で見られ、さらに「こんな人種と同じ空間は無理!」と暴言を吐かれ、その場を立ち去る人がいたり。そういう経験をすると、とても切なくなるし、自分は「カラード（有色人種）」なのか…と思い知らされる。

彼が言う「身内だけ見ても、みな目の色も肌の色も髪の色も違うから、人種差別なんて言葉はない」というのは、ありきたりだが「人類みな兄弟」ということだと思った。こういう世の中が来る日はいつになるのだろうか?

質問が終わったあとに、彼がこう言う。「プエルトリコに来てくれてありがとう。プエルトリコに興味を持ってくれてありがとう」。彼は日本にいた時から感謝の言葉や思いをいつでも口にしていた。「How are you?」と聞くと、必ず「Thank you for asking, I'm fine（聞いてくれてありがとう。元気だよ）」。

食事や観光で、おかわりは？おいしい？トイレは？など質問するたびに笑顔で「聞いてくれてありがとう」と答えるのだ。その言い方に惰性や習慣的なものは一切感じない。この心地よい人間性はどこからくるのだろう？と思っていたが、プエルトリコに来て分かった。プエルトリコ人はみな彼のように振る舞うことが普通なのだ。最初に抱いていた感情は消えた。そして〝プエル虜《トリコ》〟になって帰国したことは言うまでもない。

Guadeloupe Islands & Saint Martin

フランス領グアドループ諸島 & オランダ領セント・マーチン

飛行機マニア垂涎のビーチ

～蝶と蛍も舞い降りる

15世紀頃から始まったカリブ海におけるヨーロッパ人の侵略は数々の悲しい歴史を残す。各島で平和で暮らしていた先住民族たちは、侵略してきたヨーロッパ人に虐殺され、持ち込まれた疫病により、ほぼ絶滅に追い込まれた。当時のヨーロッパは自国利益のみを追求、各地で農地が開拓され、サトウキビやバナナ、綿花などの栽培が行われた。しかし、この労働力はアフリカからの奴隷を使い、悲劇的な状況を生んだ。

現在のカリブ海は一部の地域にしか純血の先住民族は残っておらず、大半が先住民とヨーロッパ人の混血や、アフリカから連行された人々の子孫である。国として独立した島もあるが、スペイン、フランス、オランダ、そしてアメリカの海外県や自治領の島も多い。ここで紹介する2つの島は小アンティル諸島に属し、「グアドループ諸島」はフランスの海外県、「セント・マーチン」はオランダの自治領だ。

フランス領グアドループ諸島
&オランダ領セント・マーチン

フランス海外県のグアドループ諸島は4つの自然保護区がある。諸島の中心を成すのがグアドループ島で、島の西側は「バス・テール」と呼ばれる熱帯雨林が広がる。

セント・マーチンは島の中央に国境があり、北側はフランス領、南側はオランダ領に分割されているが自由に行き来できる。島内唯一の空港がオランダ側にあり、飛行機の離発着時の低空飛行が知られる。

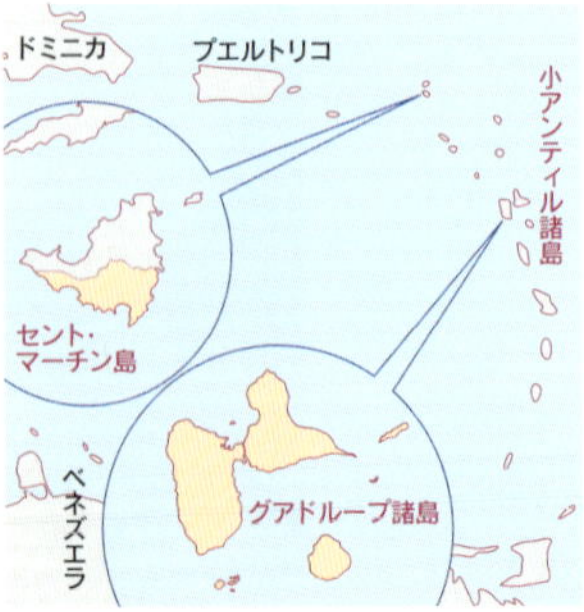

マホ・ビーチの着陸風景

グアドループ諸島はとてもチャーミング。まずはその島の形。本島は「蝶」、その周りにある6つの小島は「蛍」と言われている。大きな1羽の蝶が6匹の蛍に囲まれている。「カリブ海の美しい海に魅了された蝶が、蛍と共に舞い降りた」。そう考えると、ロマンチック。

現地のクレオール語で歌う「ズーク」というフレンチ・カリビアンの心地よい伝統的な音楽を聞きながら島内をドライブすると、風景の移り変わりに感動する。熱帯雨林の自然に囲まれ、国立公園の道は緑のトンネルが続き、美しい川が流れ、「カスケードの滝」もある。海岸沿いには美しい海。ビーチで長いフランスパンを持つ人々を見ると、ここはカリブ海にあるフランスなのだなと再認識させられる。

そしてクレオール料理がとてもおいしい。現地で世話になるおじちゃんに連れられた専門のレストランは、予約なしでは入れないほどの有名店。席に着くと、まずは1ドリンクサービスのラム・コークをお願いした。当然グラスに注がれたラム・コークが出てくると思ったが、さすがここはカリブ海。オーナー夫人のおばちゃんが、高級ラム酒の瓶とコカ・コーラの缶をドンと置き、「好きな濃さで作りな！」と。

おじちゃんは「作る手間を省いたな。2～3杯飲んでも彼女は怒らないから遠慮しないで！」と言うではないか。グアドループはラム酒

グアドループの国立公園内にあるカスケードの滝

蝶のように見える島の形

の生産地で、ほとんどをフランスに輸出していて質がかなり良い。彼の言う通りに遠慮なく2杯頂いた。そして肝心の料理だが、これも驚いた。ランチはビュッフェ形式で、前菜だけで7~8種類。前菜とは知らず、勧められるままに思いっきり食べてしまった。しばらくしてメインも5~6種類出てくるではないか。それ以外にライスやパン、パスタ、そしてデザートも。お腹はパンパン、おまけにほろ酔い気分。食後、島の突端の展望台を目指して歩いた際に足が思うように上がらず、岩に膝をぶつけて流血したことは、今となっては良い思い出だ。

海岸沿いには、観光客がお土産品などの買い物を楽しめる街セント・アンネがある。蝶の形のかわいらしいお土産品やフルーツが漬かったラム酒、珍しいシーズニング（スパイスやハーブなどを組み合わせた調味料）があり、ラッピングやボトルデザインもポップで愛らしい。

グアドループは良い面ばかりではない。本国フランスとの経済格差、島内でのフランス人との生活格差、物価の高騰、若者の失業、近隣のドミニカから流入する売春婦問題など課題を抱えている。フランス人だけが豊かな光景をいくつも見た。しかし、強くきれいな羽を持った蝶のような現地マダムや、人々の心を照らす蛍のような現地ムッシューにたくさん出会った。その場所のイメージを作り上げるのは自然でも

セント・アンネのお店。
雰囲気がとてもキュート

グアドループ産の高級ラム酒。
フランス国家認定のメーカーらしい

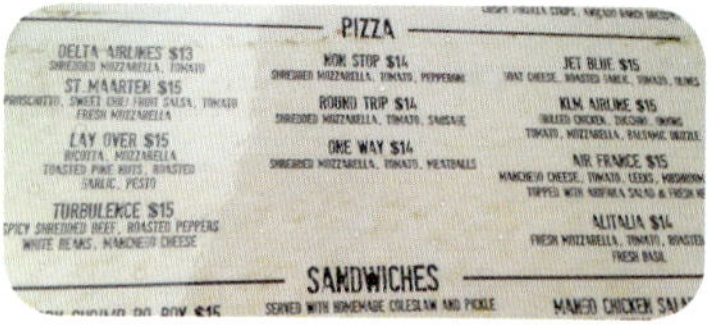

産業でもなく、やはり現地に暮らす地元民なのだとつくづく感じた。

次にオランダ自治領セント・マーチンだ。この島はオランダ領とフランス領の2国に分断されている。ここで紹介するのは南側のオランダ領。カリブ海地域の中でも観光客は多く、クルーズ船もしばしば停泊する。航空マニアにとってはたまらない「世界で一番飛行機に手が届きそうな着陸」が見られる空港で有名だ。その空港は「プリンセス・ジュリアナ国際空港」。滑走路が短いために特に大型機は随分手前から低空飛行体勢をとらねばならず、その様子を間近で見られる「マホ・ビーチ」には世界中から人が集まる。

運よくグアドループからマイアミへ向かう途中の乗継地で立ち寄った。しかもビーチへは空港から歩いて15分ほど。乗継時間は4時間近くある。飛行機好きの女王が話題の場所へ行かない選択肢はない。ビーチサイドのカフェレストランのサーフボードに書かれている大型機の着陸時間案内を参考にして、人々はお目当ての大型機を待つ。一番大きい飛行機はオランダから大量に人を乗せてくるKLMオランダ航空。他には、エール・フランス航空、アメリカン航空、カリブ海の島々を結ぶリアット航空などだ。中型機や小型機も合わせると1時間に5便以上の離発着があるため、退屈することがない。

マホ・ビーチのカフェにある
飛行機の着陸時刻表

そうだ、出発もすごいのだ。飛行機が離陸する滑走路の一番端は、フェンスと道路を挟んでビーチの間近。禁止されているが、出発する飛行機の真後ろでジェット噴射を浴び、足元がよろめいて砂浜から海へ転がり喜ぶ大人たちも多くいた。

ビーチサイドのカフェに入ったら、メニューのピザ名が全て航空会社名だ。「KLMオランダ航空ピザ」とコロナビールで飛行機の離発着を見物。まずは横からの着陸を楽しむ。ビーチにいる人々の頭上をかすめる姿に度肝を抜かれた。そしてエンジン音のすごいこと。どんどん飛行機がやってくるので食事どころではない。横からの眺めは飽きてきたのでビーチへ行った。着陸してくる飛行機の真下でスマートフォンを構えて座った。もちろん動画。だんだん近づくにつれ、エンジン音も大きくなり、ライトの光が明るく見え、想像の何倍もの速度に飛行機に轢かれるようで恐怖を感じた。飛行機が目前に来て、頭上を通り過ぎるまでわずか2秒足らず。あっという間の出来事だった。

気づけばマホ・ビーチで3時間近く飛行機に釘付けになっていた。飛行機に乗れば、今度は自分が撮影される側。飛行機の小さい窓からフェンスに貼り付く人たちに手を振り、心から祈った。「どうかジェット噴射で飛ばされませんように…」。こういう奇抜で貴重な体験ができるから、カリブ海の渡航はやめられない。

滑走路にある
「DANGER」の看板

Anguilla & Montserrat

イギリス領アンギラ & モントセラト

それぞれのカリブ海イチ
~セレブっぽさとカリブっぽさ

サンゴの欠片で砂浜がピンクに見える
アンギラのビーチ

イギリス領アンギラ＆モントセラト

両島とも西インド諸島の小アンティル諸島に位置する。15世紀の終わりにコロンブスによって発見された。アンギラの名前の由来は島の形がウナギに似ているのでスペイン語でウナギ、モントセラトの名前の由来はスペインのモンセラート修道院にちなんで付けられた。

プエルトリコから、カリブ海の島々を結ぶ「リアット航空」が頻繁に就航している。

カリブ海と聞くと、日本では「高級感あふれる美しいリゾート地」というイメージがある。「カリブ」という名前の由来は、コロンブスが最初に発見した島の原住民カリブ族にちなんだそう。航海士たちは攻撃的なカリブ族がカニバリズム（食人嗜好）だという噂《うわさ》を信じて恐れたという。カリブの語源はカニバリズムという説も。しかし、真実は分からない。島は穏やかでとても平和だ。紹介する2つの島は小アンティル諸島に属し、イギリスの海外領土である。

　さて、まずは「アンギラ」。インターネットではさまざまな言葉で魅力が伝えられる。「カリブで一番美しい海」「世界一セレブが集まる島」…。ハリウッドスターやセレブがお忍びで訪れるという。一方で、島には華やかさは皆無。島内をドライブしても、人に出会うことがほとんどない。総面積91㎢の島には信号はたったの6機。街の中心部も寂れている。不思議に思い、現地の人に「なぜ世界中からそんなにセレブが集まるのか」と聞いてみた。すると、なるほどの答えだった。

　有名人はこの島の人口の少なさを好むそう。人目を気にせずに余暇が楽しめるからだという。普段から都会的な空気に囲まれているセレブには、にぎやかさなどは必要ない。雑草が生えた砂だらけの道沿いに、場違いな高級ホテルのゲートがあり、そのギャップに驚いた。

アンギラのビーチ、サンディ・グランドを高台から見下ろす

アンギラ共和国時代の切手

アンギラではぜひ見たいものがあった。それはある切手だ。

1960年代頃、イギリスは植民地化した島々を統治する手間を考え、点在する島々をグループ化、代表的な島に自治権を与えた。その時アンギラはセント・クリストファー・ネイビス島の管轄下に置かれたが、イギリスに支配されるならまだしも、同じレベルの小島からの支配を極端に嫌い、猛反発。独立運動を開始し、勝手に自治領から離れてしまった。その時に発行された切手の「セント・クリストファー・ネイビス　アンギラ」の文字を消し、「独立　アンギラ」の文字をプリントした。独立を祝うかのように意気込んで発行された切手なのだ。

しかし、この騒動にはオチがある。セント・クリストファー島はアンギラを取り戻したかったが、軍隊もなければ術もない。相手が二の足を踏む間にアンギラは国連に訴え続け、1967年にアンギラ共和国として独立を宣言してしまった。見かねたイギリス本国から武装警官隊が島へ派遣されたが、独立軍は抵抗するどころか、イギリス国歌を歌いながら大歓迎し無血投降。1969年イギリスの統治下に復帰した後、結局アンギラにも自治権が与えられた。「独立したかった」というより、「イギリス統治下に戻りたかった」のではないだろうか。

その2年間にだけ発行された「幻の切手」をこの目で見たいと思い、

貴重な切手があったアンギラの博物館

アンギラ共和国時代の国旗

いろんな人に聞いてみたが分からない。諦めかけた時、タクシードライバーが案内してくれた博物館にその切手があった！　博物館の館長のおじいちゃんは、何と独立運動の参加者という。当時の写真や新聞にそのおじいちゃんが写っていて、誇らしげに説明してくれた。館内にはアンギラ共和国時代の国旗もあった。国旗に描かれている３頭のイルカの意味は「持久力」「統一性」「強さ」だそう。きっとこの３つの精神でイギリスの自治権を勝ち取ったのだろう。たった２年間だけの幻の「珍国」。パスポートにスタンプを押してほしい気分だった。

次に「モントセラト」だ。この地名を聞いて、スペインに詳しい人はモンセラート修道院を思い浮かべると思う。修道院の周りのギザギザのノコギリ山をモンセラートと呼び、この島にも同じように切り立ったノコギリ山があったため、コロンブスがこの名を付けたという。

航空路線があるカリブ海の島の中でも観光客が少ない。それは「スーフリエール」という活火山の影響だ。これまで幾度となく噴火を繰り返している。特に１９９７年の大噴火の被害は甚大だった。当時、島の南西部にあった首都プリマスには大量の火山灰が降下し、壊滅的な状況に。空港も埋もれてしまった。現在も火山活動は続いており、山頂には噴煙も見えた。火山が位置する島のほぼ半分から下は立ち入り

モントセラトの地図。島の下半分は立ち入り制限区域

火山観測所から見たスーフリエール火山（915m）

制限区域。1万2千人ほどいた島の人口も、避難や移住で半分以下に減ったと聞く。空港到着後、待機タクシーに島内観光をお願いした。

火山灰の影響でゴーストタウン化した町を案内してくれた。建物の1階部分が火山灰で埋まっている。言葉を失うほどの状況だ。高台のおかげでかろうじて原形を留めている家の中を見た。惨状を目の当たりにしながら、この渡航の最中（2016年4月）に熊本で起きた地震のことが頭をよぎる。モントセラトに入る3日前に地震が起きたので、リアルな恐怖がこみ上げて写真を撮ることができなかった。

『ヒルトップ』というとても感じの良いカフェレストランへ連れて行ってもらった。そこでは火山についての説明が聞け、DVDや写真などの資料を見ることができた。オーナー夫妻は熊本・大分で起きた地震だけでなく、阿蘇山のこともご存知で、私が九州出身だと知ると、「他人事ではない」とすごく心配してくれた。一緒に話を聞いていた9歳と11歳の少年たちも、私の悲しい気分を気遣ってか、ただ遊び相手が欲しいだけなのか、少年たちはカリブの海のようなブルーの瞳で見つめ、しきりにチェスに誘ってくれたり、「元気？　大丈夫？」と言って何度も手を握ってくれたりした。オーナー夫妻の温かい心と子供たちの無邪気さに少し気が紛れた。

ランチはこの島の特徴である断崖絶壁が見える風光明媚なエリアへ。その辺りは港になっているので、多少リゾート風に開発されてオシャレなレストランが数軒あるが、やっぱり休み。ドライバーが通っているという、海賊の隠れ家のようなレストランに行った。岩と岩の間の洞窟のような空間に椅子やテーブルが置いてあり、その先が断崖に突き出たバルコニーになっている。味付けもおいしく、典型的なカリブ海の男という雰囲気のオーナーも素敵だった。

　モントセラトで忘れてはならないのは、５人目のビートルズと言われた音楽プロデューサー・ジョージ・マーティンの「エアー・スタジオ・モントセラト」。布袋寅泰と吉川晃司のユニットＣＯＭＰＬＥＸのファーストアルバムもここで収録された。その数カ月後の１９８９年９月のハリケーンでスタジオは甚大な被害を受け、閉鎖。荒れ果ててはいるが、そのスタジオは当時のまま残っていた。

　モントセラト、カリブ海の島の中では一番カリブらしい。相次ぐ噴火のせいで、島の産業、観光業の発展は難しい。だからこそ、いつまでもカリブ海らしい独特の空気が保たれているような気がする。カリブ海の特徴でもあるピンク色をしたビーチは火山灰のせいで灰色だがなかなか個性的で良いのではないか…と、島を離れる頃には感じられた。カリブ海の島々では一番戻って来たい島と言えるだろう。

ジョージ・マーティンの
「エアー・スタジオ・モントセラト」

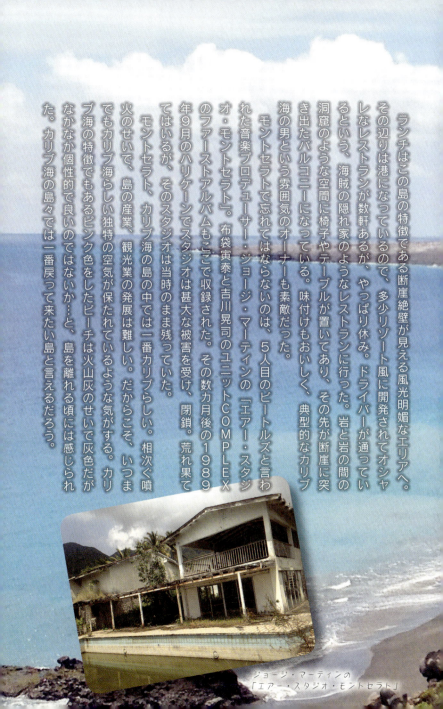

Argentine Republic
アルゼンチン共和国

相手を知り、自分を知る旅
～友をたずねて三千里

南米で最初に訪れた国「アルゼンチン共和国」。思い浮かぶのは、テレビアニメ「母をたずねて三千里」で主人公マルコが乗った船がイタリアのジェノバからアルゼンチンに入り、ラプラタ川を航行するシーンだ。スペイン語でもラテン語でもラプラタ川は「銀」を意味し、16世紀頃に入植したスペイン人が、アルゼンチンの銀山から付けたという。アルゼンチンとウルグアイの間を流れる大河は大西洋に注ぐ。2008年にラプラタ川を船で航行し、アルゼンチンからウルグアイへ向かう時は感動いっぱいで、マルコになった気分だった。

その時は隣国ウルグアイの世界遺産が目的で、マルコが母を探したアルゼンチンのブエノスアイレスは観光できなかった。その代わり、素晴らしい出会いがあった。ガイド兼スペイン語通訳として同行してくれた「ヤスコさん」と意気投合、帰国後もSNSを通して今もつながっている。

アルゼンチン共和国

南米大陸の南部に位置する。1816年にスペインから独立。第二次世界大戦後の軍政が1980年代に民政に移管するも、経済運営に失敗し混乱。その後も、金融不安などで低迷する経済が課題。首都ブエノスアイレスは人口300万人。

日本とアルゼンチンは日系人の存在もあり、伝統的に友好協力関係を維持している。1998年には日亜修好100周年を迎えた。日系人の数は約2万3千人。

ヤスコさんが息子たちと日本に来て再会したこともあったが、「いつか再訪を」と密かに野望を抱いていた。そして思い続けて8年。2016年3月についにアルゼンチンを訪れる機会を得た。前述したボリビアのウユニ塩湖ツアーの時だ。アルゼンチンタンゴを学ぶために単身渡ったという同行者の友人「カオリータ」に会う理由もあった。ボリビア、チリを巡り、南米の締めくくりはアルゼンチン・ブエノスアイレス。空港で出迎えてくれるヤスコさんの顔を思い浮かべると、興奮が止まらない。そしてもう1つ目的もあった。

アルゼンチンには1965年5月に創立され、2015年に50周年を迎えた福岡県人会がある。ヤスコさんが勤める旅行会社の原田實社長は県人会会長も務めた人物で、話を聞けるチャンスをもらったのだ。福岡出身の私たちは興味津々。原田氏は1956年、7歳の時に親から「南米パラグアイに行けばバナナが毎日腹いっぱい食べられる」と連れて来られたそう。しかし、食事や文化、言葉の違いのほか、大好きな漫画も読めず、「すぐ日本へ連れて帰れ！」と泣きじゃくり、親を困らせたこともあったとか。1965年にアルゼンチンに移住した。

ヤスコさんも両親に連れられ、13歳の時にアルゼンチンへ。2人とも人生のほとんどを南米で過ごしている。私たちとは日本語でやりと

原田氏より頂いた「アルゼンチン福岡県人会」創立50周年冊子

「銀の川」という意味のラプラタ川

り、2人の会話はスペイン語。その様子を見ながら、2人が歩んできた時間の重さを感じた。自分の意志ではなく連れて来られた異国の地。〈何を思い、何を感じ、何を乗り越えて来たのだろう〉と考えると、胸にこみ上げるものがあった。貴重な話を聞けたことに、ただただ感謝の思いでいっぱいだった。

その後は、カオリータと合流、ヤスコさんオススメのレストランへ。ローリング・ストーンズも訪れたというレストランは、なじみやすい雰囲気で、「ミネロッサ」というアルゼンチン風カツレツの味が忘れられない。おいしい食事とアルゼンチンワインで再会を祝った。

食事後は、アルゼンチンタンゴのライブに行った。100年を超える重厚な建物に入ると、中は劇場のよう。舞台ではよく響く迫力ある女性の歌声とピアノ演奏が美しいハーモニーを奏で、ダンサーが踊る。日本では味わえないような雰囲気に、ワインがすすむ。そのうち、会場のダンスホールが解放され、観客も老若男女も関係なく踊り始めた。カオリータもその中に。しなやかに魅惑的に男性と踊る彼女の姿に思わず見とれる。足先をスーッと上げ、伸ばす動作がとても美しい。初めて見たアルゼンチンタンゴに心を奪われた。

翌日はヤスコさんの息子マルコスも一緒の市内観光。アルゼンチン

アルゼンチンの名物料理「ミネロッサ」

カミニートの壁画

タンゴの発祥地「カミニート」を訪れた。イタリア系移民の町は色彩豊かでカラフル。オープンカフェでは男女が当たり前にタンゴを踊る、絵になる街だ。

アルゼンチンと言えば、「エヴィータ（エヴァ・ペロン）」を忘れてはならない。過去を抱えながらも、大統領と結婚しファーストレディにまで上りつめた人物。映画にもなり、マドンナが演じて話題になった。彼女はかなりの親日家だったらしい。子供の頃に日本人に世話になった彼女はその恩を忘れず、第二次世界大戦で日本人を救ったエピソードもある。

エヴィータが眠るブエノスアイレスの墓地「Recoleta」に行った。観光地になっていて入場料も払う。敷地内に入るとその美しさに驚く。日本人が想像する「お墓」ではなく、1つ1つが小さな家のよう。位置や大きさで価格が違うらしく、金持ちのお墓は住めそうな大きさだ。有名人のお墓がたくさんあって迷路のような墓地だったが、ヤスコさんが完璧に説明してくれて勉強になった。

そして絶対に行きたい場所があった。イギリス紙で「世界で2番目に美しい本屋」に選ばれた「El Ateneo」。1910年代の開業時にはオペラやオーケストラの劇場として使われていた。当時のまま本屋として生まれ変わった姿は、芸術的で美術館のようだ。

エヴィータのお墓

カラフルな街・カミニート地区

天井や柱が芸術的な「El Ateneo」

「El Ateneo」の外観

滞在中はマルコ…ではなくマルコス少年といつも一緒。彼は9歳で3年ほど前に日本で初めて会った。名前の頭文字を取って私を「Hi様（ハイ様）」と呼ぶ。その呼び方がキュートで、呼ばれる度に幸せな気分になる。楽しい時間はあっという間で、帰国の時が迫る。空港へ向かう車中、口数が少なくなる。流れるブエノスアイレスの街並みを見ながら、無事に母に会えて故郷イタリアのジェノバに戻るマルコ少年が思い出された。母こそ探さなかったが、はるばる日本から友を訪ねた旅が、アルゼンチンで冒険したマルコの旅と重なった。行く先々で出会ったさまざまな人に影響を受けた。マルコのような苦労はなかったが、友を訪ねて得たものはかけがえのない大切なものだ。

旅を通して心掛けていることは「現地で出会った人と縁を切らないこと」。今はSNSが発達し、便利な世の中だ。クリック1つで世界中の人とつながることができる。飛行機で隣になった人、道を尋ねただけの人とも仲良くなれる。怖い側面もあるが、良いことの方が多い。

ヤスコさんとも最初はたった2泊3日だけの関係だったが、ずっとつながってお互いの近況もわかる。おかげで離れていても、今では本当の家族のような関係になった。アルゼンチンは「母をたずねて三千里」のようにドラマチックな出会いがあふれる国だった。

"南米のパリ"と呼ばれる大都会ブエノスアイレス

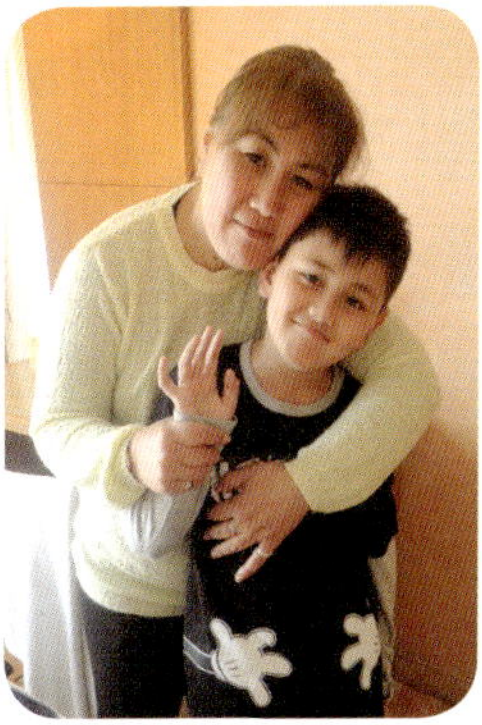

ヤスコさんとマルコス

「人生は人との出会いによってしか、変わらない」
最初の国マーシャルでそう書いた。
これはただ出会うだけでなく、出会ったという事実に
自分がどう対応していくかによって変わるものだから。
出会っただけで必ず何かが変わるとは限らない。
人との出会いが人生に与える影響は大きい。

私が「珍国の女王」として歩む道を支え、
応援してくれるすべての人々に感謝している。

「世界を知る」ということは「相手を知る」、
そして最終的に「自分を知る」ことなのだろう。
その思いを胸に、珍国の女王は
また次の未知なる国と人へ思いを馳せるのだ。

高井 英子（たかい ひでこ）

1973年福岡県生まれ。地元の大学を中退後、某大手企業を経て家族が経営する旅行会社へ就職。24歳の時にいったん退職しワーキングホリデー制度でオーストラリアのパースへ。ホームステイをしながら語学学校へ3カ月間通い、働きもせずに遊びまわった結果、お金が尽きて半年で帰国。25歳で元の旅行会社へ再就職。以来、旅行業一筋。2008年に人を介して知り合った経営者に「珍国の女王」の称号を受け、地球を飛び回る生活に。

2016年に独立。自身の旅行会社を立ち上げ、ますます「旅する意味」を追求する日々。珍国の女王の顔と旅行会社の女社長の顔を使い分けながら、まだ見ぬ新たな珍国を目指す。

株式会社スカイスターツアーズ
http://skystartours.com

西日本新聞社ウェブサイト「ファンファン福岡」でコラム連載中
http://fanfunfukuoka.com/queen_traveler/

・協力
珍国の陛下
一木朋子
酒井正雄
福永康子
YOSHIS SUSHI BAR JAPANESE RESTAURANT
パンとお菓子の情報サイト Panaderia

・主な参考文献
「名作写真館 三好和義①南国の楽園」(2006、小学館)
「世界の国旗 国章・州旗・国際機関旗」(2006、新樹社)

・地図や国旗は外務省ホームページから一部引用しています。

珍国の女王

発行日 2016年10月20日初版発行
著者 髙井英子
発行人 柴田建哉
発行所 西日本新聞社
福岡市中央区天神 1-4-1
TEL (092) 711 - 5523 (出版部)
FAX (092) 711 - 8120
http://nishinippon.co.jp
デザイン まつ浦佳菜子
印刷 西日本新聞印刷
製本 篠原製本

定価はカバーに表示してあります。
落丁本・乱丁本は送料当社負担でお取り替えします。

ISBN978-4-8167-0926-5 C0026
日本音楽著作権協会(出)許諾第 1610102 - 601
e-License 許諾番号 PB36719